Putins øyne

IRENE LYSTER

Putins øyne

Kil Forlag

Jeg kunne klare det, ta ham ut.
Siktet var godt og avstanden under hundre meter.
Blodet som sprutet fra låret til russeren, gjorde
oppfatningen uklar, men jeg tvang
tilbake synet; så heller for meg spretne rådyr
bakom trærne, måtte mane fram noe
fra gammelt av – *jaktlyst*.

© Kil Forlag / Forfatter Irene Lyster
ISBN 978-82-692163-5-6 1. utgave / 1. opplag 2024
Redaktører: John Olav Oldertrøen
Omslagsdesign: Forfatteren i samarbeid med Nini Anker
Ombrekking: Nini Anker Grafisk Design
Boken er satt med 11,5/14 pkt. Minion
Papir: 90 g Munken Print Cream
Trykk: Ingram Spark

Kontakt med forlag og forfatter: www.irenelyster.org

En uke før, Kyiv

Broen over elven Prypjar hadde dukket opp de siste dagene, og bildene fra Maxar ble hyppig delt. Jeg flyttet blikket til Khrysta som hikstet. Ranglen hadde falt mellom sprinklene igjen. Utenfor la en nabo seg på hornet fordi en ungdom slengte sparkesykkelen i veien for ham. Vi hadde ikke kommet oss til barnehagen enda, det vil si; jeg hadde ikke fått oss av gårde. Jeg plukket opp mobilen igjen. Broen kunne bære mange kjøretøy og lå i Belarus, cirka fire kilometer unna den ukrainske grensen. Soldater måtte ha arbeidet gjennom natten, svette panner og våte uniformer – russisk som fløt mellom dem. Mitt morsmål.

Jeg hadde tegnet elven hjemme i landsbyen i Øst-Ukraina mange ganger, prøvd å få med meg alle krumningene. Som en slange med hastverk bukter den seg sørover og blander seg med elven Dnepr på vår side av grensen. Vannmassene flyter deretter gjennom Kyiv, der jeg ofte hadde løpt langs bredden. For få dager siden var det ingen bro på dette stedet. Jeg krøket meg i senga. Omsider traff det meg, alt snakket om invasjon.

Hadde russiske soldater bygget broen? Belarusiske også? Ville hele regimenter fra de to landene snart marsjere mot Kyiv? De tilhørte i så fall trolig Unistaten, det Putin kalte de forente legioner fra Russland og Belarus – et uhyggelig gufs fra fortiden. De magre menneskene på sort-hvitt bildene som læreren hadde vist fram på barneskolen, var fra tiden da landet var en del av unionen som drev inn korn så millioner sultet. Sovjetunionen. Rektor hadde blitt sint, mente læreren vår løy, at Holodomor ikke fantes. Men jeg hadde hørt historiene om hungersnøden under stalinismen. I den ukrainske ordboken vi fikk utdelt på videregående, sto det: *Holodomor; unaturlig sult, organisert i bred skala av et kriminelt regime mot et lands befolkning.* For min familie ble det skjebnesvangert.

Mange mente Putin hadde størst ambisjoner i øst. Ville han okkupere hele det ukrainske Donbas? Både Luhansk og Donetsk oblast? Noen ville kanskje like det. Et velkjent klikk lød fra gangen, og Rusa ropte: «50 i dag!» Et automatgevær dukket opp, og jeg reiste meg fra rammemadrassen. «Kommer utstyr», smilte han, mens jeg forsøkte å stue våpenet innerst i garderobeskapet. «Hvorfor er dere hjemme?» «Mamma ringte», forklarte jeg og lirket hånda under skjorta hans. «Brukte hele ettermiddagen i går på å kjøpe smør og kaffe.» Ryggen var klam. «Ba *oss* evakuere.» Han nikket gjenkjennende.

«Russerne hevder de ikke skal angripe», sa jeg tett ved ansiktet hans, men han snudde seg og dro skjorta over hodet. «Zelenskyj sier det samme», insisterte jeg. «Har egen etterretning og tror mer på den.» «Må rekke forelesningen», sa han og sjekket mobilen. Så skvettet han vann under armene mens baderomsdøra ble stående åpen. Jeg fortalte hva Biden hadde sagt; at russerne var overlegne og at så mange som 190 000 soldater kunne være ved grensen. «En olding måtte til for å overbevise deg?» Jeg svarte ikke, men nevnte bildene. «Militæret trener», stønnet han.

At broen var i det forbudte området, rakk jeg ikke å si før han var tilbake i senga. Han grep hodet mitt mellom nevene så jeg spente meg. «Ikke vær naiv», freste han og boret fingrene mellom kjevene mine. Khrysta tittet på oss fra senga, og jeg ville be ham slutte, men fikk bare frem klagelyder. Ibrahim låste seg inn, og Rusa slapp taket. «Ekte skinn», proklamerte han og holdt fram slira til en kniv. «Sklisikker», konstaterte Rusa og fikk Ibrahim til å glise. Han nikket mot der jeg lå uten å møte blikket mitt.

De to dro ofte på våpentrening, og til nå hadde jeg tenkt at det bare var guttegreier, det de drev med nede på «Venice Beach.» «For en nabo», sa jeg etter at døra smalt. Rusa så på meg. «Belarus», forklarte jeg og pekte mot TV-en. «Folk samler seg for å kjempe – mot russerne.» Han så hardt på meg. «La dem komme, vi ukrainere kan forsvare oss.» Khrysta sutret, og jeg hentet henne fra senga. Ibrahim og Jelena, naboparet over gangen, arbeidet for en enhet i staten som avslørte og forhindret giftangrep fra Russland. «Hemmelig oppdrag», hadde de hvisket en kveld. De var kjemikere og jeg likte dem, særlig kona. Vi hadde hatt nøkkelen deres lenge, mens Rusa var skeptisk til å gi bort vår. Etter en barrunde tidligere i vinter ble Ibrahim engasjert i krigsforberedelsene, og brått var det greit å bytte nøkler. Jeg latet som jeg måtte skifte bleie, og Rusa forsvant. Ordene hans ble imidlertid hengende i luften. *Forsvare oss.* Om sivile tok til våpen, ville det bli et blodbad, hadde Biden sagt. Om de ikke klarte å ta Kyiv raskt, ville Rusa og kameratene ende som geriljakrigere, og verden ville glemme hvem som var den aggressive part – om de overlevde. I speilet oppdaget jeg røde merker nederst i kinnene mine. Jeg klemte datteren min inntil meg.

Smittevernrestriksjonene var i ferd med å oppheves, men forelesningene ble fremdeles streamet. Studentbarnehagen lå cirka 20 minutters gange fra ettroms-en vår, derfra kunne jeg gå til lesesalen på tre minutter eller løpe på ett. Jeg løy og sa jeg hadde hodepine da jeg ringte, og beklaget at jeg ikke hadde sagt ifra før. Den eldre kvinnen som arbeidet der frivillig, hadde syngende stemme. «God bedring, så sees vi kanskje senere.» I bakgrunnen skrålte barna som om alt var normalt.

Ursula von der Leyen hadde holdt en tale på sikkerhetskonferansen i München der hun skrøt av Jens Stoltenberg og kalte ham bare «Dear Jens». Hun var nydelig, håret i bølger bort fra ansiktet. Blond, selv om hun måtte være over 50. Jens spøkte med at han kanskje ville tørre å danse med henne den kvelden. Khrysta sutret, og jeg puttet inn smokken. NATO-sjefen fikk en pris som han takket for ved å legge høyrehånda på brystet og samle håndflatene foran seg. Ingen av dem stotret. Jeg gjorde som ham, først en hånd på brystet, så begge foran. En forestilling for Kreml, kom jeg på; EU og NATO sto samlet.

Telefonen durte. Jeg la Khrysta til brystet og lot mamma skravle. «Hvor er klærne?» kom fra farfar. For få år siden hadde han stått på taket på våningshuset med ruller av takpapp, nevenyttig og fysisk sterk. For hver gang jeg besøkte småbruket, hadde han visnet mer. «Lovet», mumlet han, og jeg fikk lyst til å trykke avslutt. Tutingen utenfor antok nye høyder, og jeg gikk for å se. Ungdommen kom løpende, for lang for den lave tohjulingen.

Mens mamma fortalte om mangelen på matvarer i øst, observerte jeg køen på hovedveien fra kjøkkenvinduet. Flere hadde med telt, sa de på lokalnyhetene. Februar var den kaldeste måneden, og hvor skulle de få mat fra? Khrysta hadde stappet en leke i munnen, ansiktet ble fort blålig. Panisk ga jeg henne noen slag mellom skulderbladene og trykket så inn magen. En trekloss spratt mot gulvet, og vrælene gjallet. Jeg pustet ut, førstehjelpskursene var til hjelp. Mens jeg husket henne trøstende i armene, la jeg klossen på toppen av kjøleskapet – hun kunne få den når hun ble større – om vi ble i byen.

Våningshuset var fortsatt uskadd, fortalte mamma, men låvetaket hadde hull. Jeg hadde vært tilbake på småbruket fire ganger etter at jeg dro. Risikerte livet i de første feriene for å besøke mamma og besteforeldrene mine. Å krysse frontlinjen var ingen spøk og uforsvarlig med en baby, køene var lange og kontrollpostene uten vann og toalett. Jeg la frem klær til oss, og datteren min fulgte stille med på alt. Hun fikk på seg ullbuksa mormor hadde strikket, og jeg ble minnet om barnebildene av meg selv. Samtidig grøsset jeg med tanke på hvor kaldt det kunne bli i leiligheten om myndighetene gjorde alvor av å slå av sentralvarmen tidlig.

Bildet av broen lyste mot meg igjen. «Mistet gassen?» spurte jeg. «Sånn er det her, ja – ingen middag, men verre med naboene – blir kaldt vet du, de risikerer å fryse i hjel om natten.» Ved var noe hun ønsket å hjelpe til med, men nå var lageret tomt selv om de kun holdt kjøkkenet varmt. Flere av naboene hadde gått løs på inventaret i de fraflyttede husene. Ble de tilgitt om eierne kom tilbake og manglet stoler og bord? Khrysta hadde sovnet på det myke pleddet med armene utstrakte. Så kom hun inn på det igjen: «Ta en buss før det blir overfylt på veiene, reis utenlands.» Det burde gjelde *dem*, de var i det østlige Ukraina, den opprørskontrollerte delen. Krigen var allerede der, i praksis var området alt okkupert av russerne. Jeg var i Kyiv, det antatt trygge stedet.

«Kom hit, vi drar sammen», foreslo jeg, men da kom den samme, gamle leksen om at hun hadde en viktig jobb på barnehjemmet, at ungene var foreldreløse og trengte kontinuitet. Noe som betydde *henne*. «Bodd med krigen siden 2014», minnet hun om. Jeg sukket. «Her vil temperaturen holde seg på plussiden uansett, og vi har bomberom.» Hun svarte ikke. «Føles utrygt å reise», forklarte jeg og så rundt meg: barnesenga, stellebordet, naboene og nærbutikken. Jobben. For første gang på alle årene i hovedstaden, lurte jeg på om småbruket var tryggere.

«Snakket med en som kom på tunet og sa vi måtte evakuere, men jeg forklarte at de gamle var syke», sa mamma. Farfar var 65, han slapp å verve seg som så mange andre. Hjemme i landsbyen hadde vi vært i skogen hver dag siden januar for å samle kvist, selv om farfar hadde hogd sommeren i forveien. *Det* klarte han fortsatt, men han turte ikke gå i skogen. Han sa ikke noe, men vi forsto at han var redd for å forville seg i området nær frontlinjen og ikke finne tilbake, kanskje gå på en mine eller bli skutt. «Har lovet», sa han ofte uten å utdype det. Jeg tenkte på klassekameratene mine, flere allerede foreldre med ett og to barn. Nå ble de tvunget med i krigen – mot sitt eget folk.

Mamma pleide å si at hun ikke kunne dra fra dyra, men de hadde sluttet med griser for flere år siden. Hønene, katten og de to hundene var igjen. Mannen på tunet hadde til slutt forsvunnet. «Fikk du med deg det om massegravene?» spurte jeg. Hun sukket. «Hørt dem si …» Jeg skjøt inn: «De leter etter påskudd for å angripe.»

Hun fortalte om en konto jeg hadde disposisjonsrett til, og at jeg måtte notere nummeret. «Sett pengene over til deg så har du dem når dere reiser. Men de må flyttes, de står i Bank Rossiya. Gjør du det i dag?» «Hvor kommer de fra?» spurte jeg. «Lang historie», mumlet hun. «Hvorfor akkurat den banken?» Ingen svar. De små nevene til Khrysta grep om noe i drømme. Like etter avsluttet vi. Kunne mamma fått penger av kriminelle? Var det derfor

hun ikke ville fortelle? Donbas var full av korrupte mafia-
folk. Både Viktor Janukovitsj, den tidligere presidenten
som rømte landet i 2014, og flere av oligarkene var ansett
for å stå i ledtog med kriminelle bander. Gikk jeg inn for å
plage henne? Mamma som alltid hadde vært snill. Hvor-
dan kunne jeg?

Jeg fant frem PC-en. Rusa hadde hatt ekstrajobb i
vinter, og jeg fikk fortsatt lønn fra kontoret for eksport
av korn, der flere fra FNs matvareprogram arbeidet. Vi
hadde klart oss bra, til og med unnet oss catering etter
at Khrysta ble født. Mens jeg utålmodig ventet på hen-
ne, hadde jeg spikret opp hyller i leiligheten, malt, og vi
hadde feiret to år i ekteskapet. Stadig med håp om bedre
tider.

Jeg satte meg opp i senga. Lav torden i det fjerne. Eller
hadde jeg hørt en eksplosjon? Jeg la inn en overføring på
1 000 hryvnja til mamma. Turte ikke tømme kontoen
helt. Deretter googlet jeg *Bank Rossiya*, den jeg forbant
med Sovjetunionen og KGB. Det sto at den var første
bank som etablerte seg på Krym etter annekteringen. Jeg
fnøs. Flybillettene var dyre. Av en eller annen grunn ga
tanken på å reise med Khrysta i fanget, ubehag. Jeg skjøv
det bort. Kun ett sete var igjen på bussruten til Warsza-
wa, til 766 hryvnjaer. Jeg hadde så vidt råd. På badet fikk
jeg øye på hårbøylene og strikkene jeg hadde kjøpt på
handleturen dagen før, de jeg fint kunne klart meg uten.
Khrysta og jeg hadde gått runder på senteret, jeg med det
nye kordfløyelsskjørtet og støvletter til knærne. Hadde
følt meg fin der jeg trillet vogna. 740 hryvnjaer kostet alt.
Jeg skulle heller ha spart pengene, burde spart lenge.

«Hva vil *du* gjøre?» Rusa hadde tatt telefonen. «Blir
her», kom det. «Men det er tusenvis av soldater på gren-
sen. *Hundre*tusenvis», korrigerte jeg. «Vi er 44 millioner,

minus noen idioter», svarte han. Mente han de pro-russiske opprørerne? Han skulle ha visst. «Men du regner med kvinner og barn, pensjonister – de har ikke våpen.» Han svarte overraskende rolig: «Vi får nå, vi skaper en folkehær.» «Men dere kommer til å dø, alt blir som hjemme – jeg orker ikke.» Stemmen sprakk. Før han la på, sa han hardt: «Et angrep vil koste dem dyrt.» De siste ordene nådde ham ikke: «Hun blir uten far.»

Rusa sa aldri at han var blakk, han trengte heller ikke sende noe til foreldrene. De var i slutten av 50-årene med gård utenfor Odesa. Hadde tenkt han var et godt parti, men jeg klarte meg selv, eide leilighet og handlet alt til Khrysta. Rusa hadde flere søsken, en stor familie – det jeg hadde mistet. Nå ville han at jeg skulle ta med Khrysta til familiegården.

Kyiv Independent viste en video der en pro-russisk lovgiver ble slått i ansiktet på programmet «Ytringsfrihet». I det samme kom Jelena over gangen. Hun hadde brygget kaffe til meg med melk og kanel. «Vil gjerne være på den trygge siden», sa hun og viste en kopi av fødselsattesten til Nikolai. Den skulle være med i barnehagesekken, sammen med ekstra mat og vann. «Tenker du å flykte?» Jeg rakk ikke å svare før hun fortsatte. «Har du ikke familie i Rostov?» Blikket hang ved meg og jeg ble stum, kunne ikke huske å ha fortalt om onkel. Fødselsattesten så ny ut der den hang mellom fingrene hennes. Fra koppen skvalpet kaffe på teppet og jeg unnskyldte meg. Merkene i kinnene var fortsatt synlige i baderomsspeilet. Jeg ville ta på dem, men hendene skalv.

Jelena åpnet døra da Khrysta og jeg var i trappen litt senere, da hadde jeg pudret meg. «Min familie har bodd med krigen i årevis, det vi opplever nå er ingenting», slengte jeg og angret like etter, hun som til og med hadde anstrengt seg for å lage «min kaffe». Men jeg fikk meg ikke til å gå opp igjen, måtte komme meg av gårde. Vanligvis likte ikke personalet at barna ble levert etter samlingsstunden klokka ni, men nå var førskolelæreren reist til Polen og kun to godt voksne assistenter var igjen samt den frivillige, eldre damen fra blokka. De små armene strakte seg mot meg, og denne gangen klarte jeg ikke motstå fristelsen til en ny klem. Men jeg stolte på det de sa – at avskjedsgråten aldri varte lenge. «Fikk invasjonsangst på morgenen», betrodde jeg den eldre nabodamen som bare lukket øynene og nikket.

Et varsel kom opp mens jeg gikk. Nettsiden til banken var nede og overføringen var ikke gjennomført. Hvordan kunne jeg hjelpe mamma om det vedvarte? Og hvor lenge ville Misjon Uten Grenser lønne henne om barna evakuerte? Hun hadde arbeidet for dem lenge, først som misjonær i Kenya med pappa før de bestemte seg for at *hun* skulle hjelpe til på barnehjemmet, og *han* i industrien. Begge hadde stått på for hjemlandet i årene etterpå, til tross for lave lønninger. Jeg klasket håndflata mot panna, burde være mer takknemlig og slutte å spørre hvor pengene kom fra.

Ved inngangen til auditoriet hang en lapp om at forelesningen var avlyst; professoren hadde reist. Slukøret gikk jeg derfra. På lesesalen lyste kun et fåtall lamper. Jeg klikket på nyhetene. Russerne samlet blod ved grensen i nord. Var *det* også en øvelse? Jeg reiste meg for å puste friere. Krym i sør og Øst-Ukraina var allerede tatt. I praksis var vi omringet.

Ved sofakroken satt en jente på min egen alder. «Se», sa hun og holdt opp mobilen som viste klare satellittbilder av parkerte fly i rekker, om lag tretti i to rader. Kanskje moderne jagerfly, men jeg visste ikke. «Likner miniatyrleketøy», kommenterte jeg og ristet på hodet så håret dekket kinnene. Hun nikket sakte. Rusa ville visst hva flyene het, han var oppslukt av sånt. Hun tok en bit av kålruletten og tørket fingrene med papir. «Putins folk?» hvisket hun, og jeg så for meg fly i formasjon over byen, sirener som ulte. «Hallo», ropte hun dempet ut mot salen. Ingen var i nærheten. «Er vi de eneste som ikke har skjønt det?» fniste hun.

«Har du barn?» spurte jeg. Hun ristet så de brune krøllene forsvant fra skulderen, før hun grep rundt dem igjen. «Har du?» Jeg nikket, hvorpå hun så beklagende på meg. «Nei, nei – Khrysta er en gave», sa jeg og ga henne komplimenter for håret, noe som fikk fram smilehullene. Hun fortalte at hun sto i en jernvarehandel og studerte resten. «Begynte etter jul», fortalte hun. «Da startet vi samtidig», smilte jeg. Vi fant ut at vi var på samme fag, internasjonale relasjoner. «Er du med på skytetreningen?» hvisket Nathalia. Jeg ristet på hodet og gikk mot pulten. «Jo mer våpen, desto mer vold», mumlet jeg.

De første minuttene av forrige forelesning snakket professoren om Viktor Janukovitsj, den russiskvennlige presidenten som rømte landet i 2014. Avsetningen hadde ikke skjedd med tre fjerdedels flertall som loven krevde, men som følge av protestleiren på Majdan der 100 mennesker ble skutt av opprørspoliti. Verdighetsrevolusjonen, som den ble kalt – det blodige opprøret. Jeg trykket *pause*. Sjokkerte hadde vi fulgt med hjemme i landsbyen, og reaksjonene hadde vært sterke ettersom flere støttet den sittende presidenten. Jeg hang med venner som dro til byene for å protestere de neste dagene, men tumultene som fulgte, utviklet seg til et helvete da Russland sendte inn soldater og våpen. Bare det første året døde 13 000, og millioner ble drevet på flukt.

Å ha noen å snakke med på faget, var en lettelse, men uroen fra morgenen slapp ikke taket. De siste åtte årene hadde lyden av skudd fra frontlinjen nådd småbruket. Kampene gikk i bølger, men tok aldri helt slutt. En glemt krig, kalte noen den. Fortsatt kjempet ukrainske myndigheter om kontrollen i øst. For etter at Krim ble tatt, sto Donbas for tur. Minsk-avtalene, som var et forsøk på å få slutt på volden, ble aldri overholdt. Med 519 brudd på våpenhvilen i Donetsk-regionen og 975 brudd i Luhansk-regionen bare på fredag, kvalifiserte det neppe for «fred». Krig på sparebluss, var et annet uttrykk. Internasjonale relasjoner var faget mitt, og om jeg ble tildelt en pris en dag, forutsatt at jeg kom i gang med lesingen, ville noen kanskje si at jeg hadde erfaring med krigen, at den hadde gitt meg en retning, noe å kjempe imot.

I en pause gikk jeg utenfor der en fyr ropte: «Krigen er på vei!» Han ble stanset av to politifolk som liksom tilfeldig stoppet foran ham. Kanskje var han fra det østlige Ukraina. Å advare folk var normalt, men nå valgte myndighetene å dysse ned trusselen. Skuldrene kriblet vondt, jeg måtte hente Khrysta. På vei til barnehagen holdt jeg jakka sammen mens jeg strenet av gårde, trærne var nakne og asfalten konstant våt. Hva hadde jeg tenkt da jeg forlot henne? Kun nabodamen var igjen med Khrysta, og hun ulte fra jeg satte henne i vogna. Jeg ville hjem, men trengte bleier, så jeg åpnet døra til matbutikken og stålsatte meg. Snart marsjerte jeg mot kassa med fem pakker. Folk mente ulikt om hamstring.

Jeg klikket på lenken til *Norge* da jeg kom hjem. Landet hadde startet som nøytralt etter første verdenskrig, men ble angrepet av Nazi-Tyskland i 1940. Danmark også. Ikke rart de ble NATO-medlemmer etterpå, men hvorfor ble ikke Norge med i EU, som Danmark og Sverige? Hadde *Dear Jens* vært imot? Snille, blå øyne og smilerynker – han så godt ut – men var alt for gammel for meg. Mamma hadde latt seg sjarmere av en nordmann en gang for om lag 22 år siden, en halvt norsk og halvt russisk en: min avdøde pappa. Skulle trusselen om krig få oss til å oppsøke farmors hjemland?

Blikket Rusa sendte meg da han kom hjem, betydde at han var klar for å gå rett til sengs. «Lenge siden», hvisket han. «Skal vi spise først?» foreslo jeg, men han var ikke sulten. Jeg ble med på å bære barnesenga til kjøkkenet der Khrysta fikk saft i tåteflaska. Jeg vred meg unna når han fant fram tauet, ønsket å ha mer normal omgang. Men som vanlig fikk han det da ikke til. Han ville fortsette den merkelige leken som på tørkeloftet etter første date, det jeg trodde var en engangsforeteelse. Jeg ga etter, alt måtte foregå på hans premisser.

At vi lå ved siden av hverandre etterpå, nøt jeg, men det ble med fem minutter. Ønsket mitt om hudkontakt en stund til, ble til en hvisken. Han spratt opp og hentet Khrysta, men hun gråt og ville til meg. Ansiktet var rødflammet. Med en oppgitt mine ga han henne fra seg. «Vi drar vel», sa jeg og sjekket at temperaturen hennes ikke var faretruende høy. «Odesa?» Jeg ventet for lenge med å nikke. Han ble mørk i øynene og automatisk gikk jeg unna. Håndflata svingte, og jeg dukket, men så rev han meg etter håret. «Dumme jente.» Han frådet og smelte med døra.

Hodebunnen var øm, og hårtjafsene hang fra genseren. Khrysta gråt – og jeg gråt. Etter å ha bysset henne i søvn, bestemte jeg meg. *Vi måtte dra. Fra Rusa.* Nettbanken var oppe igjen, så jeg samlet sparepengene på en konto og søkte samtidig om kredittkort. Khrysta hadde en sparekonto, men det sto knapt en hryvnja der. Fra matbutikken hadde jeg opparbeidet meg bonus som jeg overførte til samme konto. Totalt sto det nå 2 500 hryvnjaer der – nok til bussen og nok til å klare oss noen dager – om vi fant et rimelig sted. Med kredittkortet hadde vi noen uker til.

Jeg sjekket Facebook. De fleste vurderte å reise vestover, så visst ikke for seg at Russland tok hele landet i ett jafs. Diskusjonene var oppglødde rundt de 5 000 bomberommene som myndighetene mente kunne huse byens nær tre millioner innbyggere. En venn av Rusa hadde sjekket sitt nærmeste; det var fylt med alskens skrot. Flere tjente andre formål, ett var blitt cocktailbar. Byens innbyggere hadde lagt fine tider bak seg.

Seks dager før

Jeg ringte en venninne fra videregående som jeg visste var alene med barna, og foreslo å flykte utenlands. «Vi kan ha strøjobber og bytte på å ta oss av dem», sa jeg. «Tror du på vestlig etterretning?» lo hun. Jeg ble irritert, men ignorerte ordene. Selv planla hun ferie hos en tante over grensen om invasjonen kom. Belgorod. «Hva om trafikken står og russerne bomber?» spurte jeg.

Etter å ha levert Khrysta i barnehagen, småløp jeg mot Det Nasjonale Universitetet i Økonomi – Rusas studiested. Gåturen tok meg en halv time. Helst ville jeg møtes på halvveien, i Pushin-parken, men han hadde kommet fra stranden og ville lese. «Får henne jo til barnehagen hver dag», prøvde jeg. «Vi er et team», argumenterte han. Jeg kunne ikke huske å ha gått med på at han skulle leke krig hver morgen, men ved å argumentere mer, risikerte jeg bare at han nektet å si noe til meg på tre dager, eller verre – flere utbrudd.

En ansamling studenter sto på utsiden, og jeg gjenkjente noen som pleide å henge med Rusa. «Hva skjer?» spurte jeg en i utkanten. Jeg holdt skjerfet så det dekket halve ansiktet. «Bygger leir i Kyrylivsky Hai – forbereder oss om russerne kommer», hvisket en fyr jeg dro kjensel på. Han presenterte seg som Polan fra Vasylkiv. Jeg visste godt om den lille byen sør for Kyiv. «Kona til Rusa», sa jeg. Idet jeg klemte hånda hans, mintes jeg vi hadde møttes på en barrunde. «Er vel mer enn det», oppfordret han og fikk meg varm.

På lesesalen pratet flere høyt sammen. Rusa reiste seg uten å fortrekke en mine. «Prate?» spurte jeg. Blikkene fra kameratene fulgte oss og først da vi var på utsiden, la han armen om skuldrene mine. «Beklager», mumlet han og geleidet meg mellom folka før han satte seg på benken ved den gustne gressletta. «Informasjon fra fronten; det bygger seg opp.» Jeg lukket øynene og var klar. «Vil at du og Khrysta reiser til Odesa.» Noe knyttet seg i magen. Krigen var i ferd med å innhente meg, hvilket tidspunkt var det for å skille seg?

Vi hadde vært i Odesa flere somre. Modne hveteaks hadde vaiet i vinden, og jeg beundret gården som Rusa viste fram. Faren hadde vært brysk under en middag og minnet sønnen om at han trengte avkom for å arve. Han hadde drøyd med kondomene etterpå. «Har 10 000 hryvnjaer, du kan få dem.» Rusa hadde senket stemmen. «Bør vi ikke reise til et av de rike landene i nord, få jobber så jeg kan fortsette å sende penger til mamma?» Han snøftet. «Uten å kunne språket? Russland er også naboen til Norge.» Jeg stakk fram underleppa, men han kysset den ikke.

Samtlige fem i avdelingen satt rundt møtebordet. «Vi oppdaterer beredskapsplanene», sa min nærmeste leder. Jeg husket øvelsen fra året før. Et kart med kryss over alle havnene i Svartehavet hang på veggen. Tok russerne kontroll over kystbyene, ville eksporten av korn lammes. «Håper noen blir», sukket sjefen. «Hva om bøndene må krige?» sa jeg og slo meg ned ved samme bord. «Kanskje rekker de ikke engang å så.» Samtidig hørtes et vræl fra utsiden. Sjefen kom meg i forkjøpet, og snart var hun tilbake med en hostende Khrysta. Likevel, datteren min smilte da hun fikk øye på meg. «Zelenskyj har vel bedt om å få snakke med Putin», sa en kollega tilknyttet FNs matvareprogram. Jeg husket at presidenten hadde invitert Putin til Donbas via Facebook, og hadde sett for meg Zelenskyj trekke dolken og kaste seg over ham som om han var en krokodille. Putin hadde visstnok ikke svart.

Fem dager før

«Beklager at hun er litt snufsete», sa jeg til den eldre damen i første etasje som hadde lovet å passe Khrysta. «Ikke redd bassiluskene», lo hun, «vi tilhører jo samme klekkeanstalt.» «Stopp, skal ikke ha noe», forsøkte hun da jeg ville forhåndsbetale. Men jeg sto på mitt og slapp en slant i forklelomma. Leieboeren gryntet og viste seg i soveromsdøra, fortsatt bandasjert. Han var sjeldent hjemme, for brannskaden måtte stadig følges opp. «Han synes du bør forlate byen», hvisket hun. Han var kanskje mer enn en leieboer, for de hadde bare ett soverom, men den spenstige gangen tydet på at han var en del yngre. Han minnet meg om noen uten at jeg kunne komme på hvem. Jeg strøk henne over armen, lurte på om *hun* var den urolige.

Jeg kom meg gjennom de første linjene i artikkelen før jeg ble forstyrret av praten, noe måtte ha skjedd så jeg klikket fram en nettavis. To ukrainske soldater var døde etter trefninger på grensen ikke langt fra småbruket, og presidenten kalte landet vårt: «Europas skjold mot Russland.» Han ba om mer våpen og sammenliknet hjelpen vi fikk, med hostesaft mot covid. «Vi kan ikke bare legge oss i kister», avsluttet han. Jeg la hodet på pulten og lurte på hvordan Khrysta hadde det.

Så kvapp jeg. «Lufthansa har sluttet å fly», stønnet en kar på tysk. «Sa nettopp opp hybelen.» Han dumpet tursekken på en stol bak meg. Jeg hadde fått med meg at flere stater ba landsmenn returnere. «Du kunne sovet på kjøkkengulvet, men mannen min nekter.» Flere flirte, og jeg følte meg dum. Jeg slo håndflata mot betongveggen på vei ut. Burde kjøpt den bussbilletten. Om *han* hadde fått sove hos oss, kunne *vi* mottatt hjelp av ham i Tyskland. Alt jeg hadde, ville imidlertid gå med. Jeg sank ned ved inngangen. Visste jeg ikke kunne stole på Rusa, han hadde brutt løfter om penger før.

Like etter kom tyskeren ut døra. «Kanskje jeg kan bidra», sa jeg og reiste meg. Han tok et magadrag fra sigaretten. «NATO mener russerne går til fullskala angrep, så vil helst hjem, men fint å ha noen å drikke med i kveld.» Han forsto tydeligvis ukrainsk og tvang fram et smil før jeg ringte Polan for å sjekke mulighetene i leiren. «Drar du?» spurte han etterpå. Jeg nikket sakte. Selv om han fortsatte å snakke tysk, forsto vi hverandre. Jeg hadde valgt språket på ungdomsskolen fordi pappa en gang snakket om likheten mellom norsk og tysk.

Fra en åpen dør mot trappeoppgangen hjemme i blokka, hørte jeg Zelenskyj tale. «Hvilket annet land må reformere, mens de utkjemper en krig?» Jeg ble var noen såre hikst før presidenten snakket igjen. «Hvordan kan man leve i et samfunn når man daglig blir fortalt at krigen starter i morgen?» Med Khrysta sovende i armene, listet jeg meg nærmere. «Valutaen blir knust om folk får panikk.» Han ba om investeringer og sikkerhetsgarantier. «Tiden blir målt i ukrainske liv», sa han før jeg banket. Nabodamen kom styrtende. «Hvorfor oss?» gråt hun, mens Khrysta slo opp øynene.

En sivilperson var skutt og en skole truffet i Vrubivka i Luhansk oblast. Det kunne like godt ha vært *min* barneskole. Landsbyen hadde vært et fredelig sted da jeg var liten, et trygt lokalsamfunn. Nå kunne man bli truffet når som helst. Samtlige hus hadde kulehull. Den skadede skolen pleide å ha 500 elever, men nå var kun 200 igjen. Hva tenkte foreldrene som ble? Hva tenkte jeg?

«Rike gruver og industri», begynte jeg og trådte inn i gangen. Hun holdt seg for halsen. «Og kanskje ser han oss som en trussel, angrep som beste forsvar.» Nabokona fortsatte å jamre seg. I motsetning til den eldre damen i første etasje, virket hun immun mot Khrystas sjarme. «Undertrykker befolkningen, slår hardt ned på demonstranter og bruker like mye penger på intern sikkerhet som på forsvar.» Jeg minnet om at vi hadde avsatt en president. «Putin frykter kanskje nettopp det.» Vi satte oss ved kjøkkenbordet, og hun smilte svakt. «Redd folk skal ta til gatene, fengsler jo opposisjonspolitikere, forgifter dem sågar – alt for å beholde makten. Og vi har Vesten med oss om de går til angrep.» Hun reiste seg. «Vi ukrainere kan forsvare oss», minne jeg om før hun forlot rommet. Jeg la panna mot kjøkkenvinduet og angret de siste ordene;

ektemannen var yrkesmilitær. Noe tikket inn på Telegram. En ukjent skrev om viktigheten av å evakuere. *Reis fra byen, Kalyna – jeg ber deg.* Meldingen gjorde meg urolig. Ble jeg stalket? Av en gærning? Eller var det noe mamma hadde sendt? Jeg slettet meldingen og slo av telefonen.

Khrysta strevde med å sovne den kvelden, pusten var surklete og hun ville opp av senga. I bæreselen vugget vi mellom stua og kjøkkenet, fra vindu til vindu vandret vi. Lysene fra byen var de samme selv om det nærmet seg midnatt. Hvordan kunne noen sove med 190 000 soldater ved grensen? På utfartsveiene dannet baklysene en lang, rød kjede. Khrysta fikserte blikket og pekte. Mente hun vi burde dra?

Fire dager før

Blokkene utenfor kjøkkenvinduet var mørklagte neste morgen. Ut til en ventende Lada strømmet en mor og fire barn. De trykket seg sammen i baksetet, mens moren stappet ting i fangene deres. En mann styrtet ut og hyttet med neven før han startet bilen med kenguruhopp. Hvor mange av naboene var egentlig igjen? «EU sender telt og soveposer», sa de på radioen. Gradestokken viste frosne fire minus.

Rusa svarte ikke da jeg ringte. Jeg la meg mellom Khrysta og kanten av madrassen. Fortsatt forsto hun seg ikke på høyder. Hun grep anhenget mitt i sølv, gaven fra mormor. En dag håpet jeg hun kunne sitte på omgang i fanget til de tre som var igjen på småbruket. Jeg lirket sølvhjertet ut av den lille hånda. «Mormor vil gjerne se deg igjen», hvisket jeg og fikk tårer i øynene. Mamma hadde ikke klart å dra fra besteforeldrene mine annet enn for å besøke oss på barselavdelingen. Ettroms-en hadde vært gullende ren da jeg bar Khrysta hjem.

Mens vi ennå spiste frokost, ringte dørklokka. Jeg gledet meg til å skvære opp med Jelena, men skvatt. Istedenfor sto den hengslete ungdommen utenfor. «Kjøper gjerne sykkelen», mumlet han. «Så fint!» utbrøt jeg, og han så meg i øynene for første gang på flere år. «Ville hatt en herresykkel, men bor i nærheten.» «Husker deg fra oppgangen», smilte jeg og la til: «Drar du?» «Syklende?» spøkte han hest. Men så ble han alvorlig. «Skulle gjerne reist. Nabolandene vil ikke hjelpe oss, heller ikke NATO – helt forjævlig.» Jeg nikket og innså at han ville være en mann neste gang vi møttes, om vi dro.

«Holdningen er vel at krigen ikke skal spres», kommenterte jeg. Han lente seg keitet mot døra til Jelena og Ibrahim. «Mor og far reiser ut av byen til Borodyanka. Vi har en tante der, men bestemor er dårlig. Hørte du har familie i Rostov.» Jeg sa jeg vurderte å dra, men ikke dit. «Vil ikke utsettes for filtrering», forklarte jeg og tenkte Jelena måtte ha sladret. Han mønstret meg. «Ubehagelige spørsmål», forklarte jeg. «Man risikerer hva som helst om man svarer feil.» «Skjedde det med deg?» «Mange ganger», sukket jeg. «Er fra Luhansk oblast.» Et lys så ut til å gå opp for ham. «Hørt Zelenskyj si russere ikke kan krige mot ukrainere.» «Slåss jo allerede», fnøs jeg og ga ham en klem han virket uforberedt på. Han stanset i trappa. «Var jeg deg, ville jeg dratt uansett», kom det.

Jeg falt ned på kjøkkenstolen etterpå. Hva var sjansen for å overleve i en sammenrast betongblokk? Ville noen i det hele tatt ha mulighet til å søke i ruinene? Russerne var mange og velutstyrte; å kjempe imot var rene selvmordet. Vi måtte heller stå sammen, ukrainere og russere, demonstrere og få Putin avsatt. På et Facebook-innlegg skrev jeg: *Skam deg, Putin!* Uansett var det bedre enn å ty til vold.

Igjen googlet jeg *Norge*, Jens Stoltenbergs hjemland. Problemet var språket. Selv om farmor hadde vært norsk, var det lite jeg lærte å skrive. Det måtte bli Polen, eller Tyskland. Huden til Khrysta var varm, og de fire, små tennene fortryllet meg. Kritthvite dukket de fram hver gang hun åpnet munnen. Med smør smurte jeg støvlettene til de ble blanke. Hun fulgte med, og snart klasket hun håndflatene sammen mens hun lo. Måtte ha lært det i barnehagen. Så skrev jeg en liste med hva vi måtte ha med, om vi flyktet.

Hastig beveget vi oss mot tavlene i sentrum etterpå, til bildene av de 400 døde ukrainske soldatene. Et minne om alle de falne. Nylig var tallet økt med tusen. Ansiktene var alvorlige, flere liknet ungdomsskoleelever. Under bildet som jeg hadde stanset ved utallige ganger, hadde noen sprayet: *Nazi.* Uten å ta meg tid til å sette bremsene på vogna, gnikket jeg febrilsk med spytt. Ingenting skjedde, og jeg forbannet de som hadde gjort det. På nærmeste parfymeri solgte de neglelakkfjerner. «Gi meg den kraftigste», befalte jeg. Minnet av far skulle ikke skjemmes.

Khrysta fulgte spent med da jeg fjernet graffitien fra det eneste bildet jeg kunne vise henne av far. Farfar hadde sørget lenge over tapet. «Døde fordi han trodde på noe», proklamerte presten i begravelsen, uten at jeg forsto hva han siktet til. Pappa hadde hatt gudstro, men han var også på opprørssiden. Han var oppildnet og engasjert til det siste, og jeg hedret ham ved å fortsette kampen. Inntil mamma satte strek.

Tre dager før

Khrysta vekket meg med kraftige host etterfulgt av babling. Ennå hadde hun ikke lært ord, det gikk i «na-na» og «da-da». Tok visst livet med ro – klokka var åtte og fortsatt lå vi i senga. Flere på hennes alder både krabbet og snakket. Ikke engang kravle kunne hun, men vugget fornøyd når jeg nynnet for henne. Jeg stakk hånda under *hans* sengetøy, fortsatt var det rester av varme der. Burde savne ham, men var roligere uten. Med nakne føtter mot gulvet ble jeg sittende. Lurte på hva mamma ville sagt om hun kjente til temperamentet hans. Eller pappa.

På veien til lesesalen stakk jeg innom en bank. Mamma hadde fortalt at beløpet hadde vokst, og at pengene ville sikre meg for minst ett år, selv uten jobb. Men å overføre var ikke mulig. «Systemene er fortsatt nede», sa karen beklagende. Den ukjente hadde sendt enda en melding: *Reis så snart du får sjansen.* Hvem var dette? Ungdommen? En fra kontoret? Jeg grøsset og lukket Telegram.

Rusa var i strålende humør da vi møttes på jobben hans, en café om dagen og bar om kvelden. Om krigstrusselen ga seg og han kunne konsentrere seg om studier og jobb, ville samlivet kanskje bli annerledes. Vi pleide å forflytte oss til et annet sted de få gangene vi hadde lunsj, men ikke nå. «Får støtte arbeidsgiveren», sa han og blunket til den gråhårede bareieren som viftet mot oss med glasshåndkleet. «100 i dag.» Øynene lyste, men så sluknet glimtet. «Hva tenker du på?» spurte han og iakttok meg. «Soldatene ved grensen», svarte jeg og fikk dårlig samvittighet for å ødelegge stunden. «Gleder meg til å lage trøbbel for dem», sa han og knyttet neven. Innså han ikke at AK-47 var nada mot raketter?

«Bra du engasjerer deg», sa jeg og la hånda over hans.

Samtidig lurte jeg på hva som ville skje når en etter en av de han lærte opp, ble skadet eller drept. «Vi har Facebook-grupper», sa han. «Telegram er vel bedre», foreslo jeg for å virke støttende, men han misforsto. Som om han pønsket på noe, kom et underfundig smil. Å svelge ble vanskelig. Odesa var ikke mulig, frykten for neste kule var lammende.

På vei hjem kjøpte jeg en nødlader til mobilen og la merke til at frysedisken var slunken. Jeg valgte 10 forskjellige suppeposer, de var greie å ha uansett. Fra bakrommet hørte jeg beskyldningene om at ukrainske soldater skulle ha angrepet en russisk grensepost. Utenkelig – jeg trodde ikke på det! Likevel var nyheten illevarslende. Hvem tjente på ryktet? Jeg plukket ut de mest næringsrike sjokoladene med karamell og nøtter og strenet mot kassa.

«Har tenkt på Odesa», sa jeg da jeg ringte Rusa, «men vet hvor kritisk havnene er for eksporten, blir vi ikke lett et mål?» Han fnøs. «Kryr av russere der – skal mye til for et angrep.» «Ligger jo ikke langt unna militærbasen på Krym heller», prøvde jeg. «Kalyna, du fabulerer. Reiser du, blir du flyktning og du vet hvordan *de* blir behandlet.» Jeg hadde tro på at ukrainere ville hjelpe, om de kunne. «I Odesa kan flere ta vare på henne», avsluttet han.

Jeg ringte mamma. «Vi er brødre og søstre», klaget hun. Hun tok lett til tårene som flere fra landsbyen; de gråt når de snakket om krigen. Vi hadde levd side om side etniske russere og etniske ukrainere fra jeg var liten. Da jeg ble 13, forandret alt seg. Jeg nevnte dette med påskudd og falske-flagg operasjoner. «Alt er så forvirrende», mente hun. «Var innom en bank, men systemene var nede», fortalte jeg. «Kan du si hvor de kommer fra?» «Bruk hodet», skjente hun. «Etter pappa?» maste jeg, men hun bare sukket og sa: «Farfar er for mye inne, ikke bra å sette seg til.»

Etter praten tok jeg Khrysta i bæreselen og våget meg ned til boden i underetasjen, til området vi kalte «kjelleren». Sakte listet jeg meg i mørket. Nathalia skremte meg med lyden av SMS-en. *Kommer du i morgen?* Ideelt sett burde det vært en underjordisk etasje så folk kunne søkt dekning der, men sokkelen stakk bare maksimalt et par meter under jorda på motsatt side av inngangen. Bagen til Rusa sto på innsiden av nettingdøra, fullstappet. Jeg dro i glidelåsen og fant en hodelykt og fyrstikker samt tabletter. Pakket han i skjul? Jeg myste mot pilleesken. *Jod. Vi burde dra.*

Rusas balltre sto opp langs veggen, og jeg stakk det i tursekken sammen med pleddet. Så bar jeg Khrysta og sekken opp til leiligheten. Bevegelsene fikk henne til å våkne. Jeg stålsatte meg for gråten, men hun glippet bare med øynene. Bakerst i kommoden fant jeg ullsokkene som mormor strikket før synet ble for dårlig. «Viktig med varme føtter», pleide hun å si. Av pappa hadde jeg lært å holde tingene tørt, så jeg fylte sekken med plast og la klær nedi. Alt av ull, rev jeg fra skuffene. Før jeg var ferdig, sank jeg mot gulvet. Far forsto meg alltid, men forsvant noen uker etter 13-årsdagen, antatt drept i Ilovaisk-massakren i august 2014. Flere hadde vært umulig å identifisere. Å flytte hjem til landsbyen var utelukket, men om jeg visste at invasjonen kom og vi uansett skulle dø, ville jeg vært der nå.

Jeg savnet dyra, Maxi som logret i fanget, og Milli som strøk seg langs leggene. Alle fra nabolaget savnet jeg, også pappa. Da jeg kom meg på beina igjen, begynte jeg å klippe og rive opp gamle håndklær. Remsene kunne fungere som tøybleier. Så puttet jeg vaskemiddel i en liten boks. Håpet steg ørlite; vi skulle klare oss, men vi trengte fortsatt en lettere trille om vi skulle mot grensen. Jeg tok mot til meg og dumpet ned trappene igjen. Møblene og pyntetingene til damen som hadde bodd hele livet i området, fikk nettingen til å bule. Jelena og Ibrahim måtte ha ryddet, gulvet var til og med rengjort. Jeg grep bagen til Rusa og skrev en lapp til oppgangen i et forsøk på å få tak i de siste tingene.

«Best om vi har bagen her, synes du ikke?» Rusa lurte på hvorfor jeg hadde båret den opp fra boden. «Må fordele utstyr fra Baltikum i kveld», fortalte han. «Hørte folk verve seg derfra», sa jeg. «Tar russerne selv», freste han. «Presidenten gjør en god jobb, han er overalt», sa jeg rolig. «Putin sa det var for tidlig å møte Biden? Hva mente han?» Rusa heiste på skuldrene. Kunne noe være feiloversatt? Uroen kom krypende. «Mente han *for sent*?» Han svarte uansett ikke. «Og hvorfor er russiske tanks merket med Z?» Jeg satte meg i senga, stuas eneste sittemøbel. Han kom ved siden av meg. «For at de ikke skal forveksles i kamp», forklarte han. «Så det betyr ikke 'Zelenskyj'?» «Presidenten blir passet på», sa han omsider og dro langfingeren mot TV-en. De som styrte i de okkuperte områdene, hadde bedt Putin anerkjenne Øst-Ukraina som en egen stat. «Ikke hør på tullpratet», sa han og tok rundt skuldrene mine. «Alt virker iscenesatt», stotret jeg før han forsvant.

Utenriksminister Dmytro Kuleba tvitret: *Nei, Ukraina angrep ikke Donetsk eller Luhansk oblast, sendte sabotører til den russiske grensen, bombet russisk territorium, bombet russiske grenseoverganger eller utførte sabotasje. Ukraina planlegger heller ingen sånne handlinger. Russland, stopp løgnfabrikken.* Fra FN kom en uttalelse: *Alle problemer må løses gjennom diplomati.* Jeg satte meg opp. Merkelig å snakke om diplomati når krigen hadde vart i åtte år. Like etter kom meldingen om at Putin erklærte de okkuperte Donbas-provinsene som uavhengige. «Faen», bannet jeg. Småbruket skulle nå, ifølge russerne, ligge i en selvstendig provins. Jeg stønnet.

«Dere må dra, overlat dyra til naboene.» «Men, hvorfor?» spurte mamma. «Vi la oss nettopp.» «Russiske tropper beordres inn.» «Er jo allerede her», sa hun og sukket. Jeg ble kokende varm. «De er flere, mange flere.» «Ingen interesse i oss, vet du, vi er gamle, men jeg skal snakke med de andre i morgen.» Jeg forsøkte å svelge. «Legg dere i kjelleren!» «Farfar sover, han trenger senga si – men mormor og jeg kan …» Før la vi oss alltid i jordkjelleren når det blusset opp ved fronten. Madrassene lå klare blant hermetisk frukt og jordete poteter.

Jeg satte meg på gulvet på badet. Hadde ikke rengjort toalettet de siste ukene. Urinlukten fikk meg til å brekke meg, men ingenting kom opp da jeg stakk hodet over kanten. *Kan du komme hjem, vi må prate,* skrev jeg til Rusa. *FN støtter Ukrainas suverenitet, uavhengighet og territorielle integritet,* kom som et nyhetsvarsel. Zelenskyj skulle tromme sammen det nasjonale sikkerhetsrådet, og Putin kalte troppene som ble flyttet inn for «fredsbevarende operasjoner». Jeg rev hodeputa til meg og kastet den i veggen.

Så hentet jeg den sovende Khrysta til dobbeltsenga. *Dear Jens* tvitret: *Moskva forsøker å iscenesette et påskudd for å invadere – nok en gang.* Jeg klikket på hjertet. Den anonyme fornektet seg ikke. *Togene er gratis. Hva venter du på?* At jeg ikke kjente identiteten, gjorde meg nervøs. Jeg blokkerte kontoen. Om vi dro, hadde naboparet nøkler så familiene våre kunne komme. Ingen flere ord fra presidenten. *Du kan ikke bli!* var en ny melding. Jeg krøp inntil Khrysta og ba til Gud, som jeg ikke trodde på lenger, om at vedkommende hadde gode hensikter. Khrysta lå på ryggen og pustet med åpen munn, hadde visst arvet Rusas sovehjerte. Jeg kysset henne på det varme kinnet og lovet at i morgen skulle vi pakke. Ordentlig.

Like etter kom klikket ved døra. «Det har begynt», hveste Rusa med øl-ånde. Han tok tak i håret mitt. «Har ordnet skyss, nå drar du!» Jeg sank skjelvende mot senga før han dro meg opp etter armen. Khrysta klamret seg til sprinklene og hylte. «Pakk, for helvete!» Så grep han bagen.

To dager før

Sengetøyet til Rusa lå fremdeles pent brettet. Uroen hadde forfulgt meg gjennom natten, og øyelokkene kjentes gruslagte. Jeg strakte meg etter mobilen. «Lange kolonner med militære kjøretøy, som i august for åtte år siden.» Hadde aldri hørt henne si noe sånt. Mamma snakket om dagene før slaget ved Ilovaisk der pappa døde sammen med 1 000 ukrainske soldater. «Gå i kjelleren med børsa!» formante jeg. Så ble vi brutt, og jeg ba igjen til Gud om at ingen måtte nærme seg småbruket den dagen.

Farfars familie hadde innvandret fra Russland, de hadde bygget opp gården etter bondeopprøret. Så ble den delt i mindre bruk med jord og skog, nok til selvberging for én storfamilie. Fars mor var norsk og første gang det slo meg at det hadde noe med meg å gjøre, var da mamma sa før et danseskoleball: «Den står fint til øynene dine, du har farmor og pappas vakre blå.» Paljettene på kjolen blinket om kapp med pappas øyne.

Far hadde reist for å studere bergteknikk i Norge og bodde hos farmors familie. Han snakket varmt om slekta i Trondheim. Farfar hadde tatt samme reise og møtt sin kone der. Men hun døde allerede mens andre fødsel var i gang. Babyen overlevde imidlertid, min fars lillebror. Han flyktet til Russland i 2014 som så mange andre. Men hvorfor dro ikke mamma? Nå var de i livsfare! Jeg brølte i madrassen. Hva var det med oss?

Et direktesendt møte med lederne i Russland ble vist. Alle gamle med poser under øynene – minst like bleke som meg. Oppsettet var som i et klasserom; Putin bak et kraftig skrivebord, 10–20 meter unna de andre. Kamerater fra St. Petersburg og KGB. Ryktene gikk om at han hadde vært isolert i pandemien, at han forlangte karantene før noen kom innpå ham. Jeg fnøs – et radikalt brudd med imaget han forsøkte å skape.

På sosiale medier skrev folk at møtet ikke *var* direktesendt, en klokke viste tiden fem timer tidligere. Statsministeren forsnakket seg også, sa han hadde forberedt anerkjennelsen i flere måneder. En sa at utbryterrepublikkene burde bli en del av Russland og ble irettesatt som en skolegutt, ydmyket av «læreren». Nå var han liksom macho igjen. Jeg løp til kjøkkenet og rev mat fra skapene før jeg røsket sekken åpen. Så kledde jeg meg i ulltøy innerst og dro på de nysmurte skinnstøvlettene. De mamma hadde kjøpt på en handletur til Mariupol, de jeg knapt hadde brukt i Kyiv. Khrysta fikk parkdressen på i en fei, som om flyalarmen allerede hadde ult.

Så langet jeg ut i gatene mot nord. Myndighetene sa de planla å kjøre rundt med roperter, noe jeg håpte var en spøk. Via en app fant jeg de to nærmeste bomberommene, under to minutter ville det ta å løpe. De var i mørke kjellere, som jeg hatet, og Rusa ville finne oss lett. Når vi dro, måtte det bli for godt. Bort fra Rusa og sinnet hans. Zelenskyj gjentok det europeiske ledere og USA hadde sagt; at troppeforflytningen inn i Donbas var en krenkelse. «Vi er ikke redd for noen eller noe», hadde han uttalt i ett-tida på natta, mens vi sov.

40 minutter hadde vi brukt da jeg svett og andpusten trillet inn mellom de glisne løvtrærne. Veibeskrivelsen Polan hadde sendt til tyskeren, fungerte, men jeg slet med å finne rett sti. Etter å ha gått fram og tilbake langs noen skumle partier med Khrysta i bæreselen, ante jeg endelig røyklukten. Studentene hadde slått seg ned i den ville og forfalne delen av parken, med kryptene og de gamle bunkerne.

«Hva gjør dere her?» spurte den lysluggede karen jeg gjenkjente fra universitetstrappa. Jeg ristet på hodet og passet på at skjerfet skjulte kinnene. De var verre å dekke når de ble blålige. Så forklarte jeg at jeg planla å reise mot Polen, men fryktet de lange køene med en baby. «Mangler utstyr», innrømmet jeg. Han var tynnkledd i minusgradene, armene kraftige som om han løftet jern. «Ta sovepose.» Han pekte på et telt ved bålet. Jeg bukket så dypt jeg klarte med Khrysta hengende på magen. «Takk EU», repliserte han og smilte til den sovende datteren min.

Flere kom til. Ut ifra klærne og sveisen, gjettet jeg at de allerede bodde der. «En plass som er vanskelig å komme til», forklarte en jente med langt, lyst hår og favnen full av ved. Leende sa jeg meg enig. «Vi drar kanskje lenger øst, mot skogene på utsiden av byen», sa den kraftige lysluggen. «Har biler i området.» Han pekte i retningen jeg kom fra. «Blir inntil videre», opplyste Polan som dukket fram mellom trærne. Jeg smilte gjenkjennende. Samtidig kom to nye karer oppover stien bærende på vannkanner.

«Vann og mat til alle», fortsatte Polan. Jeg sa vi trolig ville dra mot grensen.

«Dra i dag», sa jenta med veden. Hun strakte fram hånda og sa hun var fra Kharkiv. Like etter så jeg ei som liknet og lurte på om de var tvillingsøstre. «Håper på det beste, men forbereder oss på det verste», sa Polan og smilte anstrengt. En med skjegg, spilte inn: «Putin har sittet alene i pandemien og lest historier fra Stalin-tiden; kanskje tror han på propagandaen fra den gangen.» Jeg nikket. «Angrepet kommer ikke», la han til og fikk skeptiske blikk fra de andre. «Mye tyder på at invasjonen allerede har startet», mente Polan.

Skjeggen ristet oppgitt på hodet. «Stoltenberg sa det: NATO truer ingen.» «Men kanskje Putin opplever det sånn», foreslo jeg. «Kyiv-riket var opphavet til alle russere, Putin er opptatt av sånt.» Han strakte de lange fingrene mot meg. «Bær heller vann enn å filosofere over hva Putin vil eller ikke vil», foreslo Polan og tilbød seg å ta sekken min. Jeg takket, skuldrene verket.

Vi spaserte nedover stien i stillhet en stund. «Bodde du der i 2014?» «Kom først i 2017», svarte jeg. Han stanset. «Åssen var det der?» Jeg fortalte om de forferdelige forholdene, at det snart bare var eldre og syke igjen. «Hørte du om dødslisten?» spurte jeg og han nikket. «Folk bør rømme fortest mulig», fortsatte jeg. Til min lettelse så jeg barnevogna mellom furuene. «Zelenskyj står nok øverst», mente Polan. «Håper han og familien kommer seg unna – minst mulig blod», sa jeg prøvende. «Putins også?» spurte han og fikk meg til å pruste. «Håper vi sees igjen da, på en måte», smilte han og vinket til Khrysta som løftet labben.

«Har du merket klærne til Oksana?» spurte en mor i garderoben. En annen bare så på henne. «Med blodtypen», forklarte hun iltert. Med Khrysta i armene strenet jeg ut og ble stående i et veikryss. Fra en bakgård hørtes høye rop, og da jeg snudde meg, så jeg kvinner i rekker øve på raske vendinger. Alle med pappgevær på skuldrene. Jeg vendte meg bort og fikk Khrysta i vogna. På den andre siden av veien hadde en velkjent restaurant fått nytt innhold; frivillige bar kasser fulle av matposer. Jeg la på sprang. Stedet hadde blitt pakkesentral for fronten.

I Luhansk oblast skulle busslaster med russiske soldater være på plass, i tillegg til pansrede kjøretøy og tanks. Jeg ville ringe, men var tom for strøm. Ville si til mamma at det gikk greit å ikke vite hvor pengene kom fra. Khrysta klamret seg til vogna, mens jeg langet ut. Etter en halvtime sank jeg ned på trappa foran jernvarehandelen der Nathalia arbeidet. I døra hang et skilt. *Stengt grunnet mobiliseringen.*

Khrysta vred seg i selen, men leiligheten fristet ikke. Gjennom vinduene til en café så jeg en barnestol, som avgjorde saken. Hun kikket forundret rundt seg, men gapte for hver suppeskje. Den varme latten gjorde meg godt. Til slutt lekte hun mer enn å spise, og da hun kastet focacciaen på gulvet for tredje gang, bar jeg henne til vogna. Rusa var hjemme da vi låste oss inn. «Hvor har du vært?» ropte han. «Tom for strøm», svarte jeg. «Sekken din, jeg trodde du var dratt.» Jeg ville riste på hodet, men frykten lammet. «Hva driver du med? Hvor dro du?» Ordene ble spyttet og håndflata traff venstre kjeveben. Jeg ønsket å si at jeg ville forlate ham, men så rykket han til seg Khrysta. «Pakk ferdig!» ropte han og smelte kjøkkendøra igjen. Khrysta strigråt der inne fra, og jeg krøp sammen i senga. Ansiktet sved. Jeg orket ikke gråten, så jeg låste meg inne på badet der jeg lot varmtvannet strømme.

Rusa sto på en kjøkkenstol og tapet papp-plater på stuevinduet da jeg kom fra dusjen. «Badekaret bør tappes med kaldt vann», sa han og presset seg forbi. Snart hørte jeg ham skure karet, men fikk ikke dårlig samvittighet som jeg pleide. Jeg ringte mamma uten å få svar. Lukten av den fuktige jordkjelleren kom opp i minnet, og jeg grøsset. Da Putin dukket opp noen minutter senere, bannet Rusa mot TV-en. «Har du pakket? De jeg snakket om, kjører snart.» Han holdt opp balltreet jeg hadde stappet i sidelomma, og la det demonstrativt under senga. «Blir dere tatt til fange, er det best om du gjør som de sier.»

Mens Rusa var på toalettet, tok jeg Khrysta og løp. Ingen av anropene besvarte jeg. Det måtte bli Polen eller Tyskland. Ble jeg hos foreldrene hans, kunne han komme og gå som han ville. Ved togstasjonen sto folk i kø; perrongene var så pakket at barnevogna måtte settes igjen. Ryggen ble fort stiv av å holde henne. Da det endelig gled inn et tog på stasjonen etter flere timer med venting i den tettpakkede mengden, hoiet og beljet folk. «Barn og eldre først!» Noen av barna ble løftet over køen, bort fra foreldrene. Selv om toget ble fullt, minket det lite på folkemengden da det skled videre. Stadig flere kom til, og presset økte. Khrysta var rødsprengt og svetten rant nedover ryggen min. «Gi oss luft», ropte jeg og dyttet. Jeg burde spurt onkel om vi fikk komme, men var for stolt. Kanskje mamma hadde det på samme måten. Han hadde med vilje gått glipp av år med oss etter at opprøret startet. Småbruket hadde forfalt, også hans barns arv. Han hadde tatt med familien over grensen, og jeg mistet fire søskenbarn, en onkel og en tante. Flokken vår.

Rusa ringte igjen og igjen. *Hva faen?* skrev han. Ved utgangen så jeg politiet stille seg oppå søppelkassene og mønstre folkemengden. Jeg huket meg instinktivt ned. Hadde Rusa kontaktet dem? Var de ute etter oss? Nedslått presset jeg meg sidelengs og ut av vrimmelen. I timevis vandret jeg gatelangs mens Khrysta sov i vogna. Først på morgenkvisten våget jeg meg hjem for å skifte bleie. Trøttheten overmannet meg, og jeg sovnet mens Khrysta gurglet fra sprinkelsenga.

En dag før

Fortvilede rop vekket meg. Jeg innså at de kom fra kvinnen i leiligheten under; hun jeg hadde forsøkt å trøste. Khrysta kom med små kny, etterfulgt av en grøtet klagesang. Fra ropene nedenunder forsto jeg at noe måtte ha skjedd, så jeg slo på TV-en der Zelenskyj kom med den vonde meldingen: Reservestyrkene ble innkalt. Alle tidligere soldater mellom 18 og 60 skulle inn til ett års tjeneste – full mobilisering, med andre ord. Så sent som for to dager siden hadde han avvist det. Ordren ville gjelde omtrent alle menn jeg kjente. Jeg måtte snakke med noen og løp over gangen, men Jelena var alt ute.

Under oss hørte jeg igjen den hikstende gråten. UKs utenriksminister Liz Truss advarte med sint stemme; sanksjonene ville øke i styrke om Russland invaderte. Mamma ringte i det samme. «Mormor klarer ikke å gå, hun er for stiv etter timene i jordkjelleren.» Jeg slo hånda i nattbordet og forbannet Putin. Eldre folk burde få sove i sengene sine! Trygt! Samtidig så jeg for meg storbyene i Europa ligge øde og ulevelige som Pripjat ved Tsjernobyl. Hvor lenge kunne andre nasjoner se på at en sterkere valset inn over en svakere? Oligarkene i Ukraina og Russland måtte vel ha penger nok til å sende en rakett mot

Kreml. Flere hadde allerede fått smake Putins harme.

Nasjonalforsamlingen skulle stemme over et forslag om å la sivile bære våpen. Var ikke det en oppfordring til selvmord? Vi som trodde pandemien var «den største trusselen i vår tid». Sivile ville få brutal behandling. Retorikken om sanksjonene var vond å ta inn; statslederne kranglet. Jeg var redd det eskalerte konflikten, Putin virket langt fra rasjonell. Kanskje bidro det til å øke sinnet hans. Vi skulle be Tyrkia stenge Russlands adgang til Svartehavet. En stenging kunne hindre ytterligere krigsskip, men Putins marineøvelse hadde vel brakt inn nok skip allerede. Var vi narret?

«Ikke reist ennå?» spurte Nathalia, og jeg innså at jeg kom til lesesalen kun på grunn av henne. «Forsøkte», innrømmet jeg. «Vil forlate mannen min.» Hun gjorde store øyne. «En vanskelig tid», sa hun og klemte hånda mi. «Kan vi sove hos deg?» Blikket vek. «Bestefar og onklene mine må i militæret», sa hun like etter. «Butikken stenger.» «Oj», kom det etter at telefonen hennes spilte. «Pappa jobber i forsvaret», forklarte hun hviskende. «Deres og regjeringens nettsider er nede.» *Dra hjem*, hadde faren tekstet. «Hold meg oppdatert», ba hun før hun forlot lesesalen. Apatisk ble jeg sittende. Hvorfor ville hun ikke ta imot oss? Var hun redd Rusa? I nyhetene leste jeg at den 500 kilometer lange frontlinjen i Dombas ble ansett som utfordrende for russerne. Jeg la hodet på tastaturet, vi hadde tross alt gravd i åtte år.

På vei fra barnehagen somlet jeg. *Beklager, men vi må stå sammen for Khrysta,* tikket inn på mobilen. Rusa. Vi ble gående langs en bred gate. Røyklukt gjorde at nysgjerrigheten tok overhånd, så jeg fortsatte lenger enn nødvendig. Innenfor et gjerde fyrte to dresskledte karer opp et bål. Fotografene samlet seg. «Vanskelig å tolke dette positivt», kommenterte den nærmeste. Gnistregnet sprakte mot nakne trær. «Hva foregår?» ropte en fyr med en lodden mikrofon i været. Hauger av papir ble foret til flammene. På den gylne plaketten langs portstolpen leste jeg: *Den Russiske Føderasjons Ambassade.* Så kom svaret: «Vi evakuerer!»

Torsdag 24. februar

Et voldsomt drønn rystet senga og fikk vinduene til å klirre. Khrysta strigråt, mens Rusa alt sto oppreist. «Fy faen», bannet han og skrittet bort til vinduet der han løsnet langsiden av pappen. «Stå opp», ropte han og holdt Khrysta. «Vi blir angrepet!» Hikstende fant hun brystvorten, og en stygg sirene skar gjennom mørket. Rusa romsterte rundt, deljet til lysbryterne og stappet bagen full av flasker. Khrysta kvapp for hvert smell. «Ikke mat!» peste han og rasket med seg ting. «Få henne ut!» Til slutt kastet han en vannflaske på meg. «Hør!» glefset han før han dro Khrysta bort så hun hylte. Snørr og tårer blandet seg med melken, og hun skrek på vei til vogna. Da jeg satte henne nedi, stengte noe for føttene. Fra bagen dro jeg en gjennomsiktig pose full av sedler. Rusa var alt ute av døra, så jeg stappet den raskt tilbake under beina hennes.

Ute i mørket hastet folk i alle retninger, og det glimtet i horisonten. Konstante smell hørtes. «Antonov», ropte Rusa mens vi løp. «Militærflyplassen.» Bagen dunket taktfast mot skulderen hans. «Kom igjen», skyndet han, mens jeg dyttet vogna. Hovedgata var full av biler, og lenger framme sto køen bom stille. Sekken trakk meg mot asfalten. «Dere er trygge der», hveste han. «T-banestasjonene ble bygget som tilfluktsrom.» «Hva om det er for mange, hva med mat?» ropte jeg. «Alt er forberedt.» Flyalarmen ulte like fælt, og nå kom den fra flere hold. «Vil til skog …», sa jeg og stanset. Der kunne jeg sanke ved som i gamle dager, og skyte vilt. En skulle ikke langt unna byen før en kunne treffe på både rådyr, villsvin og hjort. Eller elg. «Kalyna!» ropte han.

«Hater undergrunnen», hvisket jeg. «Tenk sikkerhet!» ropte han før han sprang forbi nedgangen. «Drar du igjen, kommer du aldri hjem – da dreper jeg både deg og ungen!» Et reklameskilt kom i veien, og det rasende ansiktet forsvant. Zelenskyj smilte glatt mot oss. «Har ikke panikk», freste jeg og visste ikke om Rusa eller russerne fikk meg til å skjelve mest. Jeg snudde vogna i motsatt retning. Så løp jeg alt jeg kunne mot nordøst, mot Kyrylivsky Hai.

Hele veien ulte flyalarmen, men mellom trærne ble jeg roligere. Rømte jeg virkelig fra byens tilfluktsrom? Ikke et menneske var å se. Jeg forsøkte å skru ned tempoet, tenke at jeg var på vei til en piknik. Så slengte jeg sekken på marka. Balltreet hadde jeg stappet tilbake og pleddet var med, og mye av maten, men bare deler av førstehjelpsutstyret. Termometeret og hodepinetablettene manglet. Jeg trampet i bakken, mens flyalarmen skar i ørene. Khrysta som var så forkjøla! Så kom jeg på posen med sedler. Jeg tok rundt pengene. Det måtte være snakk om hundrevis av hryvnjaer. Hvem var de fra? En innbruddstyv som gjemte dem i all hast? Et skudd hørtes i nærheten, og jeg fikk posen i sekken.

Å finne veien ble ikke enklere i mørket, og en uhyggestemning tok meg mens jeg drev omkring mellom trærne. Vogna måtte til slutt settes igjen, for grenene fra de nedblåste trærne grep etter oss, og de mørke bunkerne gapte. På et tidspunkt snublet jeg og holdt på å miste Khrysta i en grøft fylt med sølevann og sprøytenåler. Langs en ubebodd fem etasjes bygning, hørte jeg hvisking. Jeg krøp sammen og listet meg unna.

To fly tordnet gjennom luften i grålysningen, og endelig kunne jeg høre skravling. Dyvåt av svette lente jeg meg mot en høy jente i blå anorakk. Hun rygget imidlertid da flyene igjen var over oss, og løp sikksakk mellom teltene. Andre forsvant i skogen av redsel for at bombene kunne regne. Mamma ringte, men samtalen ble brutt. Jeg forsøkte på nytt, uten å lykkes. Meldingene fra meg ble ikke besvart, og jeg håpet det bare skyldtes nettet. Polan og en annen tilbød seg å hente vogna, og vi ble vist til et tomt telt i utkanten av leiren. «Han ble innkalt», var forklaringen. Jeg takket. Den høye jenta med anorakken var på vei mot oss, og øynene tindret da hun fikk se Khrysta.

«Hun trenger den», sa hun og rakte fram en saueskinnsfell. Jeg takket så hjertelig jeg klarte. Polan stakk til meg en sovepose ekstra da han kom med vogna. «Takk», hvisket jeg. «Ikke fortell Rusa at jeg er her, han vil … han må ikke vite.» Polan rynket brynene. «Kom dere hit på egenhånd? Gående?» Jeg nikket. «Ikke gå alene mer, det kan gjemme seg sabotører i parken, den er gedigen som du kanskje vet. Holder dere varmen?» Jeg svarte ja uten å kjenne etter. «Kommer det bombefly, *må* du søke ly i bunkeren.» Han pekte mot et hull i skråningen like ved siden av oss. Etter å ha lagt fellen i soveposen, la jeg meg sammen med Khrysta og bredte pleddet over oss. Sedlene dyttet jeg nederst i min egen pose. Kunne Jelena ha stukket dem til meg? Skytingen fra byen blandet seg med duren fra helikoptre ikke langt unna. «Alt blir bra», trøstet jeg. Hun fikserte blikket mot teltduken og ikke en lyd hørtes lenger. Var hun i sjokk? Jeg rugget henne sakte i armene til hun søkte mot brystet.

Genseren var fortsatt klissvåt etter løpeturen. Å få varmen tok tid. Hodet verket, og mekanisk tygde jeg i meg den harde proteinbaren. Khrysta pustet etter hvert jevnt mot brystet mitt, og en dråpe rant fra munnen. Varsomt frigjorde jeg meg før jeg tok de viktigste tingene opp fra sekken og satte dem rundt i teltet, mat innerst og vannflaska ved utgangen. Vann. Jeg tok en slurk, måtte drikke nå som Khrysta skulle overleve på morsmelk.

Idet jeg var på vei inn i soveposen igjen, kom ulende støt gjennom teltet. Faren over-signalet vekket henne. Smokken hjalp ikke, hun gråt og gråt mens skuddsalvene runget. Føttene og fingrene var iskalde og tankene raste. Kyiv kunne alt være tatt og Rusa drept. Presidenten også. Røyken steg fra nordøst da jeg kikket ut, men den verste larmen hadde gitt seg. Barnevogna var lei å flytte, men jeg måtte bevege meg for å holde varmen. Khrysta ble urolig av humpene, så jeg løftet framhjulene og dro den etter meg. Flere pratet i telefonen og forsøkte å forstå hva som hadde skjedd. Fremdeles var mobilen avslått. Tankene på mamma tvang jeg tilbake.

I utkanten av klyngen rundt bålplassen så jeg lysluggen styre en drone. Polan forklarte at Yurij overvåket nærområdet. «Kom, skal jeg vise deg», sa han og langet ut mot fjellknausen i nord. Jeg tok Khrysta på armen mens dronen fulgte oss. En fyr i grønne klær hilste fra høyden ved å rekke en hånd i været. Polan gjorde det samme. «Alltid noen som holder vakt her», sa han og nikket mot karen. Khrysta strakte armene mot det flyvende objektet og ga henne en barkbit. Umiddelbart førte hun den til munnen. «Fibertilskudd», spøkte han.

Bunkeren lå om lag 20 meter unna de nærmeste teltene og rommet vannkanner, hermetikk og liggeunderlag. Flere hadde søkt dekning der. «Har du erfaring fra militæret?» spurte jeg. Han løftet høyre hånd og la tre fingre til panna. Jeg nikket gjenkjennende: speiderhilsenen. «Et par har vært ved fronten – vi har litt ulik bakgrunn – men de fleste er på hovedfag ved instituttet.» «Flinke dere har vært», roste jeg og besiktiget den påbegynte steinmuren foran en av bunkerne. «Har vært kamper i dag», hvisket han og rynket brynene. «Rusa involvert?» «Vet ikke», sa jeg og ble varm.

«Har du skytetrening?» spurte han på vei tilbake. Jeg svarte ikke, tenkte bare på om Rusa kunne finne oss. Han pekte mot et telt sentralt i leiren. «Har låst inn våpnene der.» Jeg ble overrasket og tok Khrysta på armen. «Er det ikke bedre å spre dem?» «De har ikke inntatt byen ennå, og foreløpig er det snakk om sabotører og enkeltsoldater. Men vaktene har gevær», sa han og smilte unnskyldende.

«Glad for å være i utkanten, hun gråter en del.» Han smilte takknemlig. «Hadde foretrukket å ha et våpen, er vant til jakt», innrømmet jeg. «Og syntes jeg hørte folk ved den ubebodde bygningen.» Han hevet øyenbrynene. «Var nok litt 'guttejente'.» Jeg tvang meg til å møte blikket hans. «Kom», sa han og ba meg følge med til teltet der han la ei lita flaske i hånda mi. «Pepperspray, i tilfelle.» Jeg ble rørt, men rakk ikke å takke før han ble opptatt med droneføreren.

Telt etter telt strakte seg innover den tette løv- og granskogen. Jeg ante ikke hvor mange vi var, men lurte på om det kunne dreie seg om mellom 20 og 30 unge studenter. Foreløpig hadde jeg ikke sett andre barn. «Terrenget og trærne gjør sitt til at ikke militære kjøretøy kommer fram hit», forklarte Polan. Han fortsatte å prate, mens jeg gløttet mot himmelen. «Raketter og bombefly kan vi ikke verge oss mot, men om flyalarmen går igjen, må dere til bunkeren.» Jeg sa jeg var usikker. «Raser ikke.» Igjen smilte han beklagende. «Snev av klaustrofobi?» Han smilte stjålent, og jeg nikket.

Voldsom buldring fikk folk til å spurte mot bunkeren, andre mot kollen. «Militærflyplassen Hostomel er under angrep», sa Polan og lurte på om jeg ville bli med for å se. «Skal ha rimelig uflaks om vi blir truffet, den befinner seg tre kilometer herfra.» Han tok over Khrysta som jeg holdt for ørene mens vi gikk. Fra høyden så vi syv helikoptre i en rekke fra nord. «Håper de ikke planlegger å ta Vasylkiv også», mumlet han. «Rekkehuset til mamma ligger like ved militærflyplassen der.» Med ett eksploderte et av helikoptrene. «Ah, fulltreffer!» kom fra Polan som knyttet nevene. Jeg grep Khrysta og snudde henne mot skogen, innbilte meg at jeg kjente lufttrykket. «Vi må ha mer våpen», sa den kraftige lysluggen da vi var tilbake i leiren. Droneføreren Yurij, husket jeg. Jaroslav fnøs i skjegget som rakk ham til midt på brystkassa. Yurij forsvant inn i teltet der han kjekla med en jente. Øynene til Khrysta ble store, og jeg klemte henne inntil meg.

«Muren må bli høyere, den skal beskytte oss», gråt den ene søsteren. Da vi kom nærmere, så jeg henne rulle på en stor sten. Den andre søsteren dro henne mot bunkeren. Jeg våget meg inn i den røykfylte åpningen, men holdt meg nær utgangen. Khrysta hadde sovnet i vogna på utsiden. Et tykt ovnsrør var stukket gjennom jordtaket. Lillesøsteren satt på en plankebit og sa hun ville dra. «Å flytte er uaktuelt», sa Jaroslav og satte seg på huk foran bålet. «I alle fall så lenge flyalarmen stadig uler.» Hun med anorakk mente farene fantes i alle retninger. Lillesøsteren gråt og mente leiren var handlingslammet. Jeg kjente stadig på Khrysta – hun måtte ikke bli for kald.

«Hørt noe fra mannen din?» Polan sto bak meg, og jeg kremtet brydd. «Antar han kontrollerer trafikken», sa jeg. Kontrollposter var spredt over hele byen, men han kunne like gjerne lage matpakker til fronten. «Lettere å puste her», smilte Polan og satte seg på steinmuren på utsiden. Han tittet i vogna og smilte da han så øreklokkene på Khrysta. «Popmusikk?» Jeg klarte ikke smile, nummenheten var påtrengende. Etterretningskontorene ble forsøkt sprengt i morges», opplyste han, og jeg lukket øynene. Bare den dårlige samvittigheten for å ha dratt fra Rusa, trengte gjennom. «Sluker batterier», forklarte Polan og pekte på dronen som summet over oss. «Russerne er ikke i sentrum med ordinære soldater ennå», sa Jaroslav som kom gående med tom sekk. Han gjespet. «Får du med batterier?» spurte Polan. «Og bær våpen gjennom skogen», la han til.

Hun med anorakk stirret fremfor seg. «Håpet så sterkt at dette *ikke* skulle skje», jamret hun. Jeg fikk greie på at hun het Eugenia, og at familien bodde nordøst for Kyiv, like ved flyplassen. «Har ikke hørt fra dem på flere timer», sa hun mens de grønne øynene svømte over. «Gjemmer seg kanskje i en kjeller», forsøkte jeg. Khrysta våknet og først da jeg sang med henne på fanget, smilte Eugenia.

Jeg la par vedtre oppå de forkullede bålrestene mellom teltene. «Nei», ropte Yurij og fikk Khrysta til å gråte. «Hva?» Jeg kastet kubbene. Polan styrtet til og holdt opp håndflata. «Jævlig kaldt, og hun fryser», klagde jeg. «Røyken avslører oss, din idiot», kom fra Yurij, og jeg fikk lyst til å slå idet Polan hev pleddet på meg. «Beveg deg», kommanderte han. «Gjør jo det!» freste jeg. «Bli sint –

hjelper, det òg», ropte han. Jeg tullet sammen pleddet og slengte det over ham. Så marsjerte jeg bort.

Senere hadde Polan tatt fram primus og en stekepanne. «Vekker mindre oppmerksomhet», forklarte han. Samtidig kakket han egg med én hånd. «Hobbykokk?» spurte jeg mutt. Magen verket. «Spist noe i dag?» spurte han. «Kan hjelpe på frosne tær.» «En bar», innrømmet jeg og sparket i bakken. «Vil du ha et?» «Egg er kanskje ikke så lett å dra med seg?» sa jeg, hvorpå han viste frem en eggkartong av plast. «Alltid beredt», kommenterte jeg tørt.

Han nikket mot panna med egg og gylne løkringer. «Henter en bar», sa jeg. «Om du får av meg, tar jeg gjerne en bar senere», ropte han og jeg lot meg overtale. «Ingen planer om å kjempe?» spurte jeg lavt. Polan så fremfor seg noen sekunder. «Alle kan ikke innkalles samtidig – innrulleringen må håndteres på et vis.» Jeg følte meg dum og antok søvnmangelen og redselen gjorde meg sløv. «Hva gjør jeg her?» sa jeg ut i lufta. «Utsetter henne for fare.» Topplua dro med seg hetta da han ristet på hodet. «Vi er like trygge som i bomberommene i sentrum, mye betong her oppe.» Jeg håpet han hadde rett.

Yurij kom ut fra teltet med radioen i den ene hånda og kalasjnikoven i den andre. «Nasjonalgarden forsøker å stanse inntrengerne.» Jeg antok han var en av vaktene som Polan snakket om. Khrysta ynket seg og snart kom en ny skuddsalve fra sentrum. «Vi var heldige», kommenterte Jaroslav og dumpet svett ned på stubben ved Eugenia. «Holder henne gjerne», tilbød hun. Jaroslav fikk Khrysta til å le ved å gjemme seg og titte fram. Lek var mer enn jeg hadde krefter til.

Jaroslav sa de ikke hadde sett noe uvanlig i gatene bortsett fra skjerpet kontroll. «Viste ID og tyskeren var spesielt interessant.» Han pekte mot fyren som ikke kom seg hjem med Lufthansa. «Så du leser ikke i kjelleren på instituttet?» spurte han. Jeg ristet kraftig på hodet, var heller ikke klar over at noen befant seg der. Tyskeren viste oss bilder av demonstrasjonene i Berlin. «Finnes også mot-demonstranter», sukket han og la til at han og Jaroslav hadde sett skilt i sentrum med stedsnavn *Helvete*. Flere lo og mente inspirasjonen kom fra Slangeøya der russerne fikk den samme beskjeden da de ba vaktene om fritt leide: «Russisk krigsskip? Dra til helvete!»

I perioder var det roligere, så jeg la meg i teltet med ørepropper. Eugenia kom imidlertid snart innom. «Tror hun er sulten.» Vi var begge for urolige til å sovne etter ammingen, stadig lød geværsalvene fra sentrum, og kanskje involverte de faren hennes. I en bue med datteren min i midten, krøllet jeg meg i soveposen og til slutt sovnet hun. Nathalia hadde sendt bilder av søsknene i Lviv, ei jente som manglet fortenner og to tenåringsgutter. *Har ikke merket noe til krigen, men sluker nyheter.* Jeg fortalte at vi søkte dekning i skogsområdet nord for universitetet. *Ber for dere*, skrev hun.

«Trenger ikke gjøre noe, du har nok med ungen», betrygget Polan da jeg senere rasket sammen gresstuster for å skjule inngangen til bunkeren. «Khrystina Jelena Sokolov», opplyste jeg og pekte mot vogna. «Oppkalt etter sin norske farmor og en snill, russiskættet nabo her i Kyiv.» «Fint», svarte han og skar slanke seljer i lange drag med kniven. «Kaller henne bare Khrysta», sa jeg, noe som fikk ham til å dra på smilebåndet. «Rart det blir krig», sa han og så oppgitt mot Yurij som igjen diskuterte med kjæresten. Hun ropte at hun ville dra, mens han nektet henne. «Skulle gjerne hatt et våpen», klagde jeg. Polan sa de vurderte å dele ut, men at flesteparten var imot. «Stemte dere?» spurte jeg sarkastisk. «Drikkes en del», forklarte han og satte seg på nærmeste stubbe. «Faen», kommenterte han etter å ha kastet et blikk på mobilskjermen. Russerne hadde tatt flybasen. «Zelenskyj lover å gjenerobre», ropte Yurij på vei mot oss. «Russiske fallskjermjegere har stukket av mot skogene. De invaderer fra Krym i sør og har nådd Melitopol, og det er kamper om Tsjernihiv.» Den siste byen, lå om lag 100 kilometer nordøst for Kyiv, like ved grensen til Russland. «Snører seg sammen», kommenterte jeg. «Vi stanser dem», påsto Yurij. Jeg ristet umerkelig på hodet.

«Hva slags våpen er det snakk om?» spurte jeg storesøsteren som hjalp til med å skjule inngangen. Hun sa det fantes automatvåpen og molotovcocktails. «Fyller flasker etter hvert som vi drikker», sa hun og pekte mot kannene et stykke unna. «Usikker på om jeg klarer å kaste brennende bensin på noen», sa jeg og vemmet meg. «Om de truer Khrysta», foreslo hun og jeg måtte innse at hun hadde rett. «Heller dø enn å leve ufri som russerne», proklamerte Yurij bak oss. Storesøsteren fortalte at et titalls mennesker var pågrepet under demonstrasjoner i Moskva og St. Petersburg. «Under påskudd av at de sprer koronavirus», fnøs hun. «De kaller Zelenskyj nazist», bemerket jeg. «Han som er jøde!» Hun rev seg i panneluggen.

Vi samlet oss da det mørknet. Khrysta var kjølig i nakken selv om hun var kledd i ull fra topp til tå og lå i skinnfellen. Ettersom byen var stille, tok vi sjansen på et bål mellom teltene. Samtlige frøs med unntak av Yurij, som rullet steiner til muren. Ursula von der Leyen og Boris Johnson snakket om militær bistand. «Må ha mer våpen», ropte Yurij, og flere stemte i. Mamma hadde ringt åtte ganger og Rusa fire. Jelena sendte hjerter og overførte 500 hryvnjaer. *Hvor er dere?* spurte hun. Jeg skrev bare at vi var i sikkerhet, trolig hadde hun kontakt med Rusa. Han ville vite nøyaktig hvor vi befant oss. Den mystiske avsenderen skrev igjen på Telegram: *Jeg har kontakter som kan hjelpe, dere må bort!* Til min skrekk leste jeg følgende fra mamma: *Ristet i bakken, heldigvis var vi i kjelleren da missilet traff.*

Bålet i bunkeren sprakte. Mamma var umulig å nå, og til slutt måtte jeg slå av mobilen. Flere følte seg tryggere i hula og noen lagde kamuflasjenett til fronten. Lufta var imidlertid så røkfylt at Khrystas øyne rant. «Vi må flykte vestover mot de store skogene», kom fra tyskeren mens han trampet i stykker sigarettstumpen. Lillesøsteren var enig. Tanken tiltalte meg, men jobben kunne jeg glemme, samt studiene og barnehagen. «Hvordan skal vi skaffe mat?» spurte jeg. «Drar med oss matlageret», mente han.

Jeg bekymret meg for mamma og de to andre – gudene måtte vite hva slags temperatur de hadde i huset. Burde dessuten kontakte sjefen og fortalt at vi hadde evakuert. Skrekkscenarioene fra beredskapsøvelsen lurte i bakhodet. Hva ville skje om matprisene skjøt i været? Ville millioner sulte? «1 000 demonstranter er arrestert i 24 russiske byer», sa lillesøsteren utpå kvelden. Hun vasket undertøy i ei bøtte, og hendene var blitt hvite. «Stikk dem innunder», oppmuntret jeg og holdt opp jakka. Musklene strammet seg raskt da hun la hendene på magen. «EU har 27 land som skal enes», sa hun mens tennene hakket. «Vesten svikter oss», påsto Jaroslav og Yurij våknet. «Vil du starte en storkrig med Russland og USA? Og NATO? Atommaktene?» Han stilte seg foran Jaroslav.

Frykten og den dårlige samvittigheten plaget meg. *Går det bra?* sendte jeg til Rusas foreldre da jeg fikk vogna tilbake mot teltet. Vi hadde fått varmen i bunkeren, og jeg håpet det ville vare. På veien oppdaget jeg at tyskeren var sunket på knærne i det stivfrosne gresset. «Putin tegner grensene på nytt, med blod», mumlet han. Jeg dro ham tilbake til de andre, mens Jaroslav fulgte meg med blikket. «57 drept på én dag», kom hviskende fra den nedbrutte fyren, mens Polan la armen rundt ham. Jeg fortalte hva han hadde sagt. «Nasjonalgarden skal ta tilbake Hostomel», trøstet Polan da jeg snudde meg. Jaroslav kom etter og lurte på om ikke vi kunne slå oss sammen, varme hverandre. Han lot blikket gli nedover meg. «Eh …, jeg er gift», stotret jeg før han bukket og forsvant.

Ved teltet var det jeg som sank mot bakken. Igjen var jeg midt i krigen. Jeg var 13 da slaget ved Ilovaisk sto. Ute på steppene ble de ukrainske soldatene omringet. Avtalen var at de skulle evakuere, mot at tunge våpen ble satt igjen. Fullt utstyrte russiske soldater og separatister omringet dem. Likevel ble de beskutt fra begge kanter av veien da de kom kjørende. Hundrevis døde, inkludert min far. Bøker ble skrevet og filmer laget, men jeg orket ikke vite mer enn nødvendig. Aldri glemte jeg lukten av brent blod som jeg mente å kjenne, selv om småbruket lå milevis unna. Over bagen til barnevogna danderte jeg et tynt skjerf, måtte håpe og tro hun fikk nok luft. Kulda var skummel, men jeg antok jeg ville våkne så jeg kunne kontrollere temperaturen i løpet av natta. Med alt som var igjen av klær, krøp jeg i soveposen ved siden av.

Glidelåsen rørte seg, og jeg forventet å se en beruset og lattermild Jaroslav. Praten gikk fortsatt livlig rundt bålet. Jeg satte meg søvnig opp, men lommelykten blendet meg. Så flakket lyset og en stor kropp veltet inn. Teltet skaket og hjertet hamret. Skriket ble påbegynt, men fyren grep meg om munnen. Så kom jeg på sprayflaska; den lå en halvmeter unna. Balltreet. Begge var utenfor rekkevidde. Lyset endret retning og en kamuflasjefarget, grønn bukse kom til syne. Alle mennene jeg hadde møtt i leiren, raste gjennom hodet. Jeg fant ingen svar.

Fredag 25. februar

«Hold kjeft, lover du?» Stemmen var ukjent. Jeg klarte knapt puste. Et kny kom fra Khrysta, og jeg søkte etter sprayen. Inntrengeren beveget seg igjen og satte seg på knærne. Flaska var i hånda mi. Grepet om munnen hardnet idet stemmer nærmet seg fra utsiden. «Ikke et ord», hveste han på russisk. «Kalyna», sa en kar og noe spisst traff ryggen. Hånda ble fjernet. «Hæ?» fikk jeg fram. «Alt ok?» «Ja», svarte jeg. «Syntes jeg hørte noe.» Polan, forsto jeg. «Alt bra», sa jeg. «Greit», kom det. «Folk fra militæret leter etter en russer, men vi skal passe på.» Jeg ville si noe rart, som at jeg var bakfull, men ble hindret av hånda.

Vi satt dørgende stille mens det lysnet av dag. Fingrene mine knuget sprayflaska. Ansiktet var fremdeles i skjul. «Skulle på øvelse», hvisket han og pusten gikk raskere. Både buksa og jakka var i grønt kamuflasjemønster. «Hjemme trodde de jeg var på tjenestereise, de fleste var i sjokk *mens* vi måtte kjempe.» Innimellom dro han i buksa rundt kneet. «De sa vi skulle delta i en rask militæroperasjon.» Krig, rettet jeg inni meg. «Ble beskutt, først i lufta så på bakken, de fleste er døde.» Et stønn unnslapp. Pustelydene hadde skremt meg, men jeg innså at han var på gråten. «Flere helikoptre. Unge folk.»

Trolig var han skadet selv; noe svart ved kneet liknet blod. Han fortsatte å nappe i stoffet hver gang han skulle bevege venstrebeinet. «Vurderte å gå i stillongs mot byen, men motet sviktet», innrømmet han. «Og beinet», la han til mens han masserte låret. «Hvordan kom du deg hit?» tok jeg sjansen på å spørre. «Kapret en bil, men kjørte av veien rett før veisperringene.» Han fortalte at han hadde drukket vann fra en bekk mens han gjemte seg. «Ble dratt mot matlukten», påsto han. «Tror du meg?» Jeg nikket raskt, og det som hadde stukket meg i ryggen, forsvant.

«Kanskje blir jeg skutt eller torturert om jeg melder meg», sa han. «Vi har regler», hvisket jeg, men kunne ikke garantere noe; mange var vel så forbanna at de ikke kunne styre seg. Igjen hørte vi helikoptre og bulder. «Hostomel», sa han lavt. «Dødsfellen.» «Hvor er du fra?» spurte jeg og innså at luften var tett i teltet. Jeg slengte en vannflaske bakover og etter noen kraftige svelg, hvisket han: «Familie i Donetsk.» Byen lå ikke langt unna landsbyen der jeg vokste opp, selv om vi hadde tilhørt Luhansk oblast. Et nytt drønn fra sentrum. Hva om vi ble truffet og bare Khrysta overlevde? Hvordan skulle mamma få vite? Utenfor hadde flere våknet. «Kalyna! Bunkeren», ropte en. Polan igjen. Jeg hysjet. «Vi sover», sa jeg og fikk lagt til; «Khrysta …» Men hun våknet og survet mens de løpende skrittene fjernet seg. «Beiler?» kom det. Sprayen skar i håndflata. Han flyttet seg lenger bort, og jeg fikk øye på det som hadde stukket meg i ryggen – en liten, sort pistol.

«Kan jeg låne», spurte han og pekte. Jeg fomlet fram mobilen fra soveposen og tastet koden. Våpenet lå i fanget mens han trykket, og skjermen lyste opp ansiktet: tynt, med markerte kinnbein. Håret var trolig mørkt blondt eller noe mørkere. Å få korken av sprayflaska, var vanskelig med en hånd, kanskje burde jeg gripe etter pistolen. Mens skuddene runget fra nede i byen, sovnet Khrysta med øretelefonene, kinnene var kalde. Han la fra seg mobilen.

Like etter holdt han en hvit, tablettliknende sak. «Smerter?» hvisket jeg mens han betraktet den. Hånda lukket seg raskt. Var det en selvmordspille? «Kan du hjelpe meg å flykte?» Han festet blikket nedenfor øynene mine. Jeg nikket og forsøkte å svelge. Han la tabletten tilbake i en liten boks som han slapp i brystlomma. «Få?» spurte han og nikket mot mobilen. Jeg nølte. «Nyheter», forklarte han. Øynene ble større mens han leste. «450 døde! De sa det ville gå nærmest uten kamper.» Han la seg med hodet i hendene. Jeg satt musestille, men selv når pusten gikk roligere, slapp han ikke taket i pistolen.

Ute fordelte de våpen og vaktposter mellom seg. At dronen hadde sluttet å fungere, skapte en ny situasjon. «To bak muren i bunkeren», hørte jeg Polan rope og var redd bråket ville vekke ham. Mobilen falt ut av grepet og landet mellom oss. *Lever,* hadde han sendt og undertegnet *Georg,* med 007 foran telefonnummeret. Retningsnummeret til Russland. Lyden på mobilen var på, og jeg tok ikke sjansen på å taste mer. Klokka var halv syv og han snorket. *Hostomel er tatt tilbake,* var siste nyhetsvarsel, og brått så han meg i øynene.

«1 700 demonstranter er arrestert», leste jeg og stemmen skalv. Han ville overta mobilen, men da jeg holdt den fast, senket han blikket. «Du har fått svar», hvisket jeg, og ansiktet myknet idet han leste. «Må ut», sa jeg. «Holdt meg lenge.» Han pekte pistolen mot Khrysta, og dyvåt av svette kravlet jeg til slutt ut. Mens Khrysta ynket seg i teltet, strømmet melken. Jeg fikk lyst til å sparke i duken der jeg ante hodet hans var. Hvorfor pekte han på henne? Var det alvor?

Genseren hadde rukket å bli dyvåt rundt brystene da jeg krøket meg gjennom åpningen. «Skal hun ikke få mat?» hvisket han og strakte armen over meg for å rugge bagen. Hun hikstet med sår stemme. Jeg svarte ikke. «Dere må hate oss», sa han, og automatisk dyttet jeg ham bort for å ta henne opp. Da hun gispende fant brystvorten, turte jeg knapt puste.

Til min lettelse vendte han seg med ryggen til. *Macron lover våpen*, leste jeg ved å smugkikke på mobilskjermen. Muligens kunne jeg sette ham ut av spill med sprayen, men jeg fryktet pistolen. «Morsmelk løser opp snørr», kom det, og jeg innså at han hadde rett, hadde bare glemt trikset. Jeg klemte melk i hånda og lede den mot nesa. Etter sprell og vræl bedret pusten seg, og Khrysta suttet på smokken. Han lå henslengt som på en telttur. Jeg forsøkte å spille rolig, men skalv innvendig.

«Ikke vondt?» spurte jeg og nikket mot beinet. Ingen svar. Jeg la meg ned, og med sekken under hodet kunne jeg fortsatt lese overskrifter. Lenge lå vi sånn, og omsider pustet jeg friere. Russerne nærmet seg fra sør, de lå like utenfor storbyen Kherson og hadde sikret broen Antonovskyj over Dnepr. Min Dnepr.

«USA skal stenge Russland ute fra betalingssystemet SWIFT», hvisket han. «Men ingen av sanksjonene rammer Putin direkte.» Et fnys unnslapp meg. «Hater du ham?» Jeg nølte, men sa: «De som startet krigen.» Han satt rolig. «Du tror ikke på propagandaen?» spurte jeg. «Har Internett», svarte han. «Du må kanskje til de andre?» Jeg var rask med å nikke. «Ville hjulpet dere, men når vi vinner, blir jeg skutt.» Jeg strevde med å få med meg både Khrysta og bagen. «Ønsker å desertere», sa han og banket seg på låret. Jeg hadde glemt telefonen og våget meg tilbake. Den la seg i hånda da jeg krabbet over. «Vondt?» spurte jeg. Han vagget med et forpint uttrykk.

«Fint å se dere», smilte den yngste av søstrene. «Fått sove?» Stillingen med Khrysta og meg på trestokken, gjorde at ryggen verket. Jeg klarte kun en grimase. «Slitsomt?» Polan satte seg bak meg så jeg fikk rygglene. Samtidig pep det i hodet som jeg hadde tinnitus. «Ta dem med i teltet, da vel – varm dem litt», spøkte Yurij. Tærne var kalde selv om de var like ved flammene. Jeg lente hodet bakover, ville glemme situasjonen jeg var i; eller, den *vi* var i. Varmen jeg kunne ane fra Polan trøstet noe, men når som helst kunne soldaten komme løpende og skyte alle. Å skjule en russisk soldat var sikkert ulovlig, men jeg ante ikke hvordan jeg skulle bli kvitt ham. Kunne jeg stole på Polan, eller ville han angi ham? Å slappe av var umulig, hele leiren var i fare på grunn av vinglingen min.

Da jeg dro teltduken til siden, stivnet jeg. Lynraskt senket han pistolen og stakk den i linningen. «Fortalte du?» hvisket han. Jeg kastet bare en proteinbar til ham mens jeg rugget vogna. Han hadde dratt soveposen over seg. «Ante ikke at jeg skulle hit», mumlet han. «Prøv å sove», sa jeg lavt. Han takket og satte tennene i baren. «Skal ikke si noe», sa jeg og rev til meg liggeunderlaget. Pistolen ble lagt under jakka som han tullet sammen til en pute. Støvlene hans sto i ytterteltet, og jeg snøftet – han hadde liksom flyttet inn.

Øynene glippet da jeg la meg på utsiden. «Blitt uteligger?» ropte Jaroslav fra teltåpningen. Jeg dro soveposetrekket over støvlene til russeren og holdt opp pekefingeren. «Elendig natt, fått øresus også.» Han sa han foretrakk bunkeren om natten. «Skal holde kjeft», sa han og blunket. Eugenia kom tuslende og tilbød seg å trille vogna. «Om hun våkner, kan hun få melk og kanskje sovne igjen», forklarte jeg og krøp innunder duken for å se etter hodetelefonene. Like etter kom lydene fra helikoptre. Så Khrystas hese gråt.

«Fikk du ikke sove?» hvisket soldaten. «Kald», svarte jeg og krabbet i posen med Khrysta. «Spark med beina», oppfordret han lavt. Jeg adlød ikke. Han tok av uniformsjakken og pakket den rundt meg. «Gå bort!» hveste jeg og kom på at pappa pleide å gjøre det samme. Så fant han de følelsesløse tærne, men jeg sparket ham vekk. Til slutt la han seg med et salig smil.

Etter gjentatte smell fra sentrum, så jeg rett inn i to våkne øyne. Jeg måtte ha duppet av. «Hva heter du?» spurte han. Khrysta pustet urytmisk ved siden av oss. Hodet mitt kjentes bedre. «Kalyna», sa jeg og dro en av Rusas ullgensere fra sekken. «Georg», hvisket han og tok den nølende imot. «Har du en pose?» Jeg fisket fram en fra sekken og holdt den så han kunne stappe jakka nedi. Så knyttet han den hardt. Regnbuksa ga jeg også fra meg. «Takk», hvisket han. «Drar så snart det blir roligere.» Jeg nikket mot beinet. «Kan du?» Han trakk på skuldrene. «Har førstehjelpsutstyr», tilbød jeg. «Trengs ikke», kom det. «Lurt å rense», sa jeg. «Fikk hjelp av ekteparet med bilen», hvisket han.

«Vi skifter», insisterte jeg. Til slutt brettet han opp buksa. Bandasjen rundt kneet var gjennomtrukket av blod. «Kan ikke ta fra deg, du har en baby», kommenterte han da jeg lette etter kompressene. Jeg overhørte ham og tok tak i enden av bandasjen og rev. «A ...», unnslapp han, før hånda beveget seg mot meg. «Rør meg *ikke!*» hveste jeg, og han trakk den til seg. «Mente ikke ...», stotret han. Såret var til siden for kneskåla og indikerte streifskudd. Jeg dryppet sårvann og klemte en klatt med steril krem over. «Vent», hvisket jeg. «Trenger luft.»

Han pekte på mobilen. Zelenskyj hadde talt til folket, han mente *han* var et mål for Putin, og at familien var mål nummer to. «Tror du på det?» Før han rakk å svare, hørte vi rasling i gresset. «Åssen går det?» spurte Eugenia og dro i glidelåsen. Georg hev pleddet over seg. «Greit», svarte jeg og stakk hodet gjennom åpningen. «Besøk?»

spurte hun etter å ha kastet et blikk mot støvlene i for-
teltet. Trekket til soveposen hadde glidd av. «Ja», hvisket
jeg forfjamset. «Han må sove.»

«Ingen kommer til å tro at du er herfra», sa jeg lavt.
«Mannen din, er han også soldat?» Jeg svarte ikke først.
«På en måte.» Han bøyde seg fram for å hekte sammen de
tre gliderne til teltåpningen med en løs ulltråd fra pled-
det. «Vet vi er her», kom jeg på å si. «Får grave meg ut da,
om han kommer», hvisket han. «Lager dere broer?» Han
rynket panna. «Pongtongbroer?» Jeg nikket og fortalte
om bildene fra Belarus. «Alle var i sjokk», sa jeg. «Selv om
dere så satellittbildene og fikk etterretning fra Vesten?»
«Kunne vært tomme trusler, eller øvelse», sa jeg med et
fåret smil.

Han satte seg med hodet mellom knærne. «Kom fra
trening i Belarus, vi ble vekket om natten og fortalt at vi
skulle hoppe i fallskjerm for å erobre en flybase.» «Var
det mange?» Han nikket. «Fullstendig tatt på senga, over-
mannet av soldater, ild og kuler. Som å hoppe i døden.»
Han fortalte at han ble truffet i lufta, men til tross for
smertene, hadde han ålt seg mot skogen og unnsluppet.
«Sykt heldig», avsluttet han. «Hvordan kom du deg hit?»
spurte jeg. «Ekteparet, de bar saker fra huset, og ble liv-
redde. Jeg tok ID-kortet og bilen hans.» Han dunket seg i
panna. «Så køen foran kontrollposten og fikk tatt en an-
nen vei, råkjørte mot parken.» Hodet duppet flere ganger.
«Lå under buskene og kikket på deg, du virket snill. Ville
aldri ha skadet dere.» «Skal du melde deg?» spurte jeg.
Han nikket skrått.

Klokka var halv elleve da vi leste om skyting nær par-
lamentet. Rusa ville kjempe til det siste, om han var der.
Burde skrive noe, men hånda la seg over mobilen. «Bli
med ut», oppfordret han. «Må teste beinet, og du bør be-

vege deg.» «Er du gal?» utbrøt jeg. Han løsnet knuten på glidelåsen idet et voldsomt smell hørtes. «Kom igjen, la oss se hva som skjer før det blir bekmørkt.» «Hva so...?» spurte jeg. «Vi kan ikke bare sitte her, du finner på noe.»

Han dro beinet etter seg, men insisterte på å hjelpe til med vogna. «Skadet?» spurte Polan som brått var bak oss. Bevæpnet. Han så stjålent mot Georg, og jeg forsøkte å late som ingenting. «Gamlekjæreste fra Donetsk», presenterte jeg. «Kom i natt.» Russeren rakte fram hånda og presset fram et smil. «Ah», sa Polan og strakte fram sin. «Skal til kollen», fikk jeg fram og holdt pusten. Så begynte jeg å gå sakte baklengs. Polan tok et par skritt mot leiren før han satte nedfor bakken. «Takk», kom det. «Kjenner han mannen din?» Jeg nikket og så at Polan ble borte bak trærne. «Er dere alene her?» «Parken er stor», forklarte jeg, «og jeg synes jeg hørte stemmer ved noen ruiner.» Han nikket med ansiktet mot skogbunnen.

Sikten var klar fra høyden. «Sikkert greit at du ikke åpner munnen, aksenten avslører deg», rådet jeg. «Hva er der?» Han pekte mot sentrum der røyk veltet mot himmelen. «Boliger for det meste», sa jeg og ble kald innvendig. Flere kom mot oss, og Georg forsvant bak noen busker. Jeg speidet utover. Noen ropte at røyken skyldtes et nedskutt fly. «Kanskje vi er hjemløse», mumlet jeg og så for meg ungdommen kravle blodig rundt sammen med bestemoren.

Igjen så jeg raden av baklys. Noen biler var også på vei i motsatt retning – antakelig for å passe eldre slektninger. *Håper alt er bra med dere, vi er med venner i Kyrylivsky Hai*, skrev jeg til den eldre kvinnen i første etasje. *La du noe i barnevogna?* Den anonyme på Telegram insisterte på at jeg skulle møte ham. *Ikke finn deg i alt*, ba vedkommende og gjorde meg uvel. Vedkommende fulgte med uten at jeg kjente identiteten. Zelenskyj sa at dette ikke hadde skjedd siden 1941, og at ingen trodde det ville skje igjen. «Hva handler det om?» spurte jeg. «Stormanns-galskap», kom det. «Så du tror ikke på argumentene om sikkerhet og NATO utvidelse?» Han gren på nesa.

Byen lå snart i mørke, og vi var vitne til noe som liknet et omvendt fyrverkeri; lysende buer løp over himmelen og eksploderte nær bakken. I horisonten kom gjentatte lysglimt. «Missiler», kommenterte Georg da de andre var forsvunnet. Jeg trampet i bakken. Tankene på ofrene gjorde meg sint. «Skulle ønske vi feiret nyttår, dette er for sprøtt, for surrealistisk», sa han og stakk av i skogen igjen. Jeg antok magen var i ulage etter anstrengelsene. Han løf-tet Khrysta fra armene mine da han var tilbake, uten at hun reagerte. «Hvor er mannen din?» Jeg orket ikke si noe. Med blikket fulgte jeg missilenes nådeløse bane. «I live?» spurte han og holdt ut en arm. Jeg lente meg inntil, og da jeg boret panna mot ullgenseren, kjente jeg lukten av Rusa og Georg på samme tid.

Noe hvinte nært oss, og han rykket unna. «Dronen vår», kommenterte jeg. «Sikker?» spurte han og var på spranget bort. «Et leketøy med kamera», sa jeg mens Khrysta strakte seg mot den. Han lot seg ikke overbevise, og jeg skjulte et flir. «Infrarødt lys?» Han glante mot him-melen. «Kanskje», svarte jeg. Dronen svirret fortsatt over oss, og han kysset håret mitt. «Fra gamlekjæresten», spøkte han. Fra sentrum lød brak, og på vei tilbake ropte jeg: «Være med til bunkeren?» Han ristet på hodet. «Blir her», kom det. «Forfryser tærne i teltet», forklarte jeg og småhoppet mot bålplassen. «Stans!» ropte han. Jeg skvatt rundt. Kjelen og en suppepose var i hånda hans. «Takk», fikk jeg fram. Khrysta lå rolig i armene hans med blanke øyne.

«Fint å få besøk?» spurte Eugenia og gløttet mot meg. Flere sjekket innom våpenlageret den kvelden, også Polan. «Hva faen», ropte han da han så alle riflene som lå igjen. «Følg vaktplanen!» Jaroslav smelte hælene sammen. Eugenia var den som fikk roet ham, de sto lenge og tett. Jeg fikk lyst til å synke mot bålet, bli til en glo og ryke bort. En fyr som Polan burde vi hatt rundt oss, han var som pappa: ansvarsfull og godhjertet. Vi hadde derimot fått en russisk soldat å bale med.

Bagen til vogna sto utenfor teltet vårt, og Georg pekte mot skogen før han løftet en hånd mot meg. Diaré, undret jeg, men da han ikke kom tilbake etter flere minutter, lurte jeg på om jeg burde advart sterkere om å bevege seg i skogen. «Vi må lære å håndtere våpen», sa Eugenia og så på Polan som stilte seg i skogkanten for å trene skudd. «Vært ved fronten og kan vise dere», tilbød Yurij. Sekunder etter var han i gang, mens jeg hentet Khrysta.

Tilbake ved bålet hørte vi om et bakholdsangrep på russere ved Odobolon-distriktet, rett nord for der vi befant oss. To menn i ukrainske uniformer hadde stjålet en militær lastebil som de kjørte mot sentrum med. «Russerne ble drept», sa Polan da jeg var tilbake. «Hendelsen er overalt på sosiale medier.» Stedet var omkranset av høyblokker, så episoden var filmet fra flere vinkler. Jeg kikket i teltet, men der var det tomt. «Skal jeg bli med deg?» spurte Polan da jeg dro vogna mot høyden. «Går ikke langt», lovet jeg. En ny video ble delt; en tanks kjørte over en sivil bil få meter unna de likviderte russerne. Sentrum var rolig, og lysene fikk det til å se ut som en normal kveld. «Stans krigen, for helvete!» Kanskje lå Georg dø på en parkeringsplass der nede.

«Dro han?» Eugenia la armen rundt meg. «Blir nok fin igjen i beinet, og får kanskje lettere tjeneste.» Polan kikket på oss. «Kan sove hos dere», tilbød hun. Fra før delte hun telt med søstrene fra Kharkiv. Khrysta sov fortsatt med størknet snørr rundt nesa. «Du er en engel», hvisket jeg. *Greit med deg?* skrev jeg til Rusa før jeg slo av mobilen og la den i innerlomma. Bare ni prosent igjen. Eugenia masserte skuldrene mine som var så ømme at jeg måtte stanse henne. Tankene surret. «Hørt noe om de døde soldatene?» spurte jeg lett, men ingen svarte. «Pressetalsmannen for Putin kaller regjeringen lovlig valgt», sa Eugenia og la til: «Han må ha forsnakket seg.» «Kanskje han ikke er pressetalsmann lenger», foreslo jeg og fikk henne til å le. «Har han fått hjelp med beinet?» spurte Polan. «Har førstehjelpskurs», forklarte jeg. Såret hadde sett greit ut, men nå var han kanskje død. Jeg syntes synd på foreldrene. Kanskje var jeg den eneste som kunne varsle dem.

Bålet skulle avsluttes, og jeg grudde for en kald natt. Georg var fortsatt ikke tilbake. Flere boligblokker sto i brann, og folk delte historien om den ukrainske soldaten som sprengte en bro for å stanse russerne. Nå var han død. «Tragisk, forstår ikke de som deler sånt», klagde jeg og dro vogna mot teltet. Polan kom meg i forkjøpet. «Hvorfor lar du ingen hjelpe til?» spurte han og ville løfte. Jeg ga ham en klem og sa det gikk greit. «Du må si ifra», tilbød han og satte seg med Eugenia. «Gode mennesker fortjener hverandre», mumlet jeg og skjulte et grin.

Ettersom jeg var redd for å vekke Khrysta, dro jeg glidelåsen sakte opp. Til min overraskelse satt Georg der. «Var innom noen forlatte hus», røpet han og viste fram en radio, øl og nye klær. Da jeg fortsatte å se på ham, beveget leppene seg til et stadig større smil. «Fryser du aldri?» spurte jeg og merket mitt eget flir. «Greit med beinet?» Bevegelsen med hånda indikerte at det gikk sånn passe.

Den korte sveisen fascinerte meg, så jeg strakte meg til de strie hårene stakk i håndflata. Å se ham levende og glad gjorde godt.

«Bucha og boligområdet Vorzel ved flyplassen, er isolerte», opplyste jeg. Han himlet med øynene. «Vi sendte jo inn en hærskare, utgangspunkt for å ta byen.» «De demonstrerer i hjemlandet ditt, i 60 byer.» Han nikket alvorstungt. «Dere har store tap, og forstår ikke hva Putin vil med lille Sumy, en by med 300 år gamle kirker», sa jeg iltert. «Skal han ta tilbake alt han oppfatter som russisk?» Jeg hamret vannflaska i underlaget. «Og hvorfor er det ikke flere attentat mot Kreml?» Han svarte etter litt betenkningstid: «Noen tror han er paranoid, men jeg vet ikke – frykten for å bli styrtet, er vel reell.»

Noen hadde delt en video der borgermesteren i Konotop, ikke langt fra Sumy, ropte mot folkemengden at de hadde fått et ultimatum: legge ned våpnene eller slåss. Han sto på en forhøyning på torget. «Vi evakuerer barn og kvinner», ropte flere, «så tar vi opp kampen!» Jeg slo av mobilen. Bare seks prosent igjen. Brått hørtes høye stemmer, og Georg stirret mot teltduken. Utenfor vrimlet det av folk i uniformer. Georg ble igjen, mens jeg kom meg ut. Soldatene hadde med flere rifler og et panservern, og leirfolka flokket seg.

«Til gamlekjæresten?» spurte Polan i køen bak meg. Fra sør kom kraftige drønn. «Til meg», svarte jeg og sjekket mobilen. Våpen skulle deles ut til alle som ville forsvare byen. «Soldat?» «Ja», svarte jeg og tok imot en støvete automatrifle. «Hvorfor har han ikke en selv?» Han skakket på hodet. Kanskje hadde han vært innom teltet. Eskene med ammunisjon var satt et stykke fra bålet, så jeg hastet dit. Rusa hadde svart. *Parlamentet blir beskutt. Presidenten er fortsatt i byen, i live, men ingen lett oppgave for nasjonalgarden, vi bistår der vi kan.* Jeg lukket øynene. Raskt skrev jeg at vi var glad i ham, men at vi hadde reist.

«Hører du driver med jakt», sa fyren som delte ut. «Verver meg ikke», buste jeg fram og pekte. «Datteren min på under ett er i teltet med soldatfaren sin», løy jeg. «Skal hun miste moren sin også?» Han kikket over skulderen min. «Forsvare oss kan jeg bidra til, ikke mer.» «Nettopp hva vi holder på med», sa han tørt og ga meg en rifle til. Georg og Khrysta var kommet bak meg. «Siste», ropte Anton og viftet køen bort. «Ruslan Sokolov», oppga jeg, og etter å ha stått urørlig noen sekunder, noterte han på arket. En flashback hjemmefra flimret for øynene, politimannens blodige nese utenfor politistasjonen. Han hadde skreket av smerte. Automatvåpnene skar i skuldrene mens jeg kom meg til teltet.

Georg tok imot uten å fortrekke en mine. «Byen med kirkene er tatt, og de nærmer seg fra øst», la han til idet vi krabbet inn i teltet. «Du ser livredd ut», sa han og stappet vingummi i kjeften. Jeg kastet vannflaska mot ham. «Hvorfor dro du ikke mens du hadde sjansen?» spurte han og la børsene på langsidene av teltet. «Gjorde et forsøk», forklarte jeg. «Hvorfor vervet du deg?» Jeg hadde hørt at flere av de russiske soldatene var vanlig vernepliktige, selv om Putin nektet. Han mønstret meg. «Var i vanlig førstegangstjeneste, men ville sikre lønn noen måneder til.»

Da jeg la meg inntil ham, klemte han meg. Tankene om at han løy, skjøv jeg bort. «Klarte ikke å dra i natt», hvisket han. «Er det dumt?» Ingenting kom fra meg. «Er dere studenter?» Jeg sa de fleste studerte økonomi. Han dro bort håret og kysset meg lett i nakken. Så hørte vi nyheter, jeg i armene hans – for varmens skyld. «Ville du rømt tilbake over grensen om du fikk sjansen?» spurte jeg. Han rynket brynene. «Kjæreste der?» Han lo kort. «Pappa jeg sendte til, mamma er syk av bekymring. Har småsøsken også.» Han knep igjen øynene. Vi hørte Zelenskyj fra en video. «Fraksjonslederen er her, statsministeren er her, sjefen for presidentens kontor er her, Podojak er her, presidenten er her. Alle er her. Soldatene. Borgerne. *Alle* er vi her, og vi skal forsvare vår uavhengighet.» «Den jævelen», kommenterte Georg og jeg støkk.

Den eldre damen hadde svart: *Håper dere er trygge! Jeg la ikke noe i vogna.* Den ukjente hadde skrevet: *Du kan ikke bli i parken!* Jeg stusset. Hvem andre enn folk i leiren visste hvor jeg var? Jeg kjente at jeg ble andpusten – bare det ikke var Rusa. Georg vendte høyre øre mot radioen. «God på sosiale medier», kommenterte han. I en video på mobilen så vi hvordan et missil eksploderte i kreftavdelingen på et sykehus i Mariupol. Noe hardnet i meg. «Dere har ingen sjanse», hvisket Georg, «men snart er det over, og da blir jeg skutt som har latet meg med tapre skogmor.»

Lørdag 26. februar

Vi krøp sammen midt i teltet da smellene vekket oss. Det buldret et stykke unna, og fly var i luften. Gråten hennes ville ingen ende ta. De som kom løpende fra kollen, ropte at en høyblokk var truffet og at flyplassen i sør fikk unngjelde. Vi løp mot bunkeren. Flere timer holdt vi oss der inne før det ble roligere.

Utenfor blafret teltåpningene, og magen sved av sult.

«De dro», opplyste Jaroslav. «Vi angripes fra tre fronter i nord, og nå fra sør», fortsatte han. «Om dere vil reise, er tiden nå – fremrykkingen er bremset.» «Vanskelig med et barn og jeg frykter at faren er etter oss», forklarte jeg. «Virkelig? I Tsjernihiv bomber de hotell og vannforsyning – gass og varme finnes ikke. Her har folk i hvert fall strøm og internett.» Hodet la seg på skakke. Jeg sa vi var uten bolig, og han formet hendene til et hjerte før jeg snudde meg bort.

Frykten da flyene dundret over oss, var fæl, men avstanden fra Rusa var en lettelse. Faktisk savnet jeg IKEA-madrassen og en varm dusj mer. Jeg kom på kredittkortet som lå hjemme i postkassa. Det måtte vente. Polan ropte fra inngangen til bunkeren: «Vasylkiv er fortsatt vår!» Hans hjemsted. «To russiske fly ble skutt ned i natt og elitesoldater, flere hundre, kan være drept.» Jeg gikk mot lyden. Et videoopptak viste Zelenskyj som sa vi ikke ville legge ned våpnene. «Svaret på ryktene om at han har flyktet», mente Polan. Jeg spurte hvordan det var med moren. «Hun blir», svarte han. «Selv om nærområdet angripes?» Han smilte tappert. «Presidenten blir, så da blir hun.»

Polan kom seg på beina idet en kvinne ropte fra utsiden. «Ekstrajobb i helsevesenet», forklarte han og rev med seg en rød koffert. Da jeg kom ut, så jeg lillesøsteren ligge som en bylt. «Brøt fullstendig sammen», forklarte søsteren. Matlysten til Khrysta så ut til å være borte. Stadig eksplosjoner fikk øynene store. Til slutt ga jeg opp ammingen og bar henne til Polan. «Smertestillende og febernedsettende i ett, røres i morsmelk», sa han mens folk hjalp lillesøsteren tilbake til teltet. Motvillig svelget Khrysta, men gråt og var urolig. Hendene var også uvanlig varme. Vi kom oss til teltet vårt. I de statlige russiske mediene sto det at 800 militære mål i Ukraina var tilintetgjort, men lite om motstanden og ingenting om dødstallene på russisk side. De gjentok at det kun var snakk om militære mål og at NATO var trusselen. Jeg stønnet. Putin påsto de ikke kunne tolererer NATO-baser så nært Moskva, men *vi* måtte tåle *raketter* – fra dem. Mobilen var nede på fire prosent, men jeg fikk ikke lagt den bort. Journalister skrev at det russiske folket støttet Putin i at han måtte få sikkerhetsgarantier, men at de var imot krigen. Meningene var imidlertid delte om landet vårt kunne være selvstendig. Jeg freste innvendig; *vi* som nylig feiret 30 år med uavhengighet.

Nathalia sendte melding fra kirkekjelleren i Lviv. *Folk tar med seg hunder og forskremte katter og gjør det de må i plastbøtter. I natt kjørte bestefar og onklene mine rundt med jord for å skjule maling på fortauskantene, vi tror det er navigasjonsmerker til bruk for russiske fly. 700 000 her er i frykt, blir vi de neste på listen? Bestemor gråter, hun vil ikke at bestefar skal verve seg, men han er under 60 og skal inn i de territoriale forsvarsstyrkene, han drar på rådhuset med onklene mine i dag.*

Jeg sendte til mamma: *Dra via onkel, avliv hundene – de har levd et godt liv.* Hun svarte: *De merker ikke krigen i Rostov, men politiet patruljerer med skuddsikre vester. Han har bedt oss komme,* innrømmet hun. Mamma hadde fortsatt den gamle bilen etter pappa stående på gården, men om de fikk start på den, var et spørsmål. *Alt er blitt verre, flere soldater trengs og de plukkes opp på gata! Maxi tåler ikke skudd lenger, piper under brisken.* Så gikk mobilen i svart.

Vi hadde ikke innlagt vann hjemme på småbruket, heller ikke vannklosett. Men jeg innså at jeg hadde hatt nok av det viktigste: noen som var glad i meg, mat, ved og tak over hodet – og etter at krigen kom, delte vi med andre. Khrysta sov med røde roser i kinnene, og jeg fikk lyst til å klemme henne. Livet ga mer mening etter at hun kom. Om jeg måtte betale dyr husleie i tillegg til mat og bøker da jeg kom til Kyiv som 16-åring, ville det blitt trangt. Og noen år senere ville jeg kanskje ikke turt å få Khrysta. Pengene fra mamma *hadde* vært til hjelp. Vi måtte sikre resten – for hennes skyld. De i Bank Rossiya.

Utenfor teltet sto Polan. «Putin har endelig blitt sanksjonert, midlene i Vesten fryses. Han sier det viser svakhet.» Jaroslav lo hest. Fra et annet sted kom såre hulk, og folk utenfor hos Eugenia fortalte lavt at hun hadde mistet lillebroren på 15. Jeg satte meg på huk utenfor teltinngangen. En av de 35 drepte var broren! Hvor mange søstre, mødre, fedre, koner og kjærester grät ikke nå også i Russland.

Noen ønsket oss vondt. Langtrekkende krysserraketter fra skip i Svartehavet hadde truffet høyhuset sør i byen. Hundrevis av raketter skulle ha vært avfyrt. Hvor som helst og når som helst kunne de ramme; soldater, sivile, voksne eller barn – regimet i Kreml anstrengte seg ikke for å unngå sivile tap. «Terrorbombing», slo Polan fast. «Forjævlig om dette er bevisst», sa Jaroslav da jeg passerte ham. Jeg ristet bare på hodet; han som trodde vi ville være trygge mellom to sykehus. «Skammer meg», sa Georg da jeg sendte Khrysta inn i teltet. «Dette er regimet der borte, ikke oss russere», minnet jeg om.

Khrysta bablet med krupp-liknende stemme mens melken gitt til spille. «Hva synes du jeg skal gjøre?» hvisket Georg. «Prøve å komme deg over grensen?» foreslo jeg. «Kontrollpostene», minnet han om og la til: «Blir en krigsfange.» «Gjemme deg?» Han pustet oppgitt. Jeg innså at situasjonen var fastlåst. «Hva med deg?» Jeg heiste på skuldrene, ønske ikke oppsøke trengselen på togstasjonen, eller verre – at vi støtte på Rusa. Like etter satt han igjen med pillen. Jeg dunket så den falt mellom soveposene. «Hvorfor bryr du deg?» snerret han og plukket den opp. Så krabbet han ut av teltet og strenet i retning bålet der han kom i snakk med Polan. Pistolen lå i enden av soveposene. Jeg trakk ut magasinet. Tomt. Ingen patroner.

Jeg gjorde klar vogna og hørte Georg snakke tilnærmet ukrainsk som i Donetsk. Jeg ble stående. Etterapet han slektningene? Jeg forsto ikke den negative reaksjonen mot meg. Vel hadde jeg klamret meg til ham det siste døgnet, men han hadde tvunget seg på. Tilbake i teltet googlet jeg *RS-virus*. Etter å ha holdt på en stund, gjenkjente jeg symptomene på flere sykdommer. Fortvilet bar jeg henne tilbake til Polan. «Mer slim», forklarte jeg. Han kjente langs halsen med fingertuppen mens Khrysta vred seg. «Har du termometer?» Jeg sukket oppgitt, og raskt la han et i hånda mi. «Vi drar om feberen stiger.» Han holdt blikket mitt.

Fra en radio hørte vi at EU også kunne ramme via SWIFT. Jeg fikk bare med meg brudstykker. Kunne det gå ut over pengene på kontoen? Powerbanken hadde bare ladet mobilen et par prosent. *Tøm kontoen og reis!* skrev jeg til mamma mens Yurij kjeklet med noen på utsiden. Yurij ga tyskeren en overhøvling fordi hjemlandet fortsatt måtte regne på konsekvensene av de foreslåtte sanksjonene. «Ikke bare oss, gjelder Italia og Ungarn også – handelen stopper opp!» hevdet tyskeren. Polan stakk hodet ut. «Ro dere, flommer over av våpen her!»

Kyivs ordfører, den tidligere tungvektsbokseren Vitalij Klitsjko, snakket til oss via Twitter. Stemmen var rolig, men han la ikke skjul på bekymringene. «De som går ut, risikerer å bli regnet som sabotører.» Så fortalte han om harde kamper og ba folk søke ly. Portforbudet var utvidet fra fem om ettermiddagen til åtte om morgenen. Kulda krøp dypere i meg. I øst ble vi vant til å gjemme oss, jeg hadde glemt hvor fortvilende det var. Jeg rotet rundt etter posen med sedlene. Kunne jeg ha lagt den et annet sted? Etter å ha kikket gjennom teltet, måtte jeg innse det; de var borte. Jeg forbannet meg selv – hvordan kunne jeg være så sløv. Hvem som helst kunne ha tatt dem.

Ved bålplassen hadde et par karer funnet fram automatvåpnene og diskuterte bruken. Eugenias armer var rundt Georg. Jeg snudde meg vekk, burde ikke bry meg, men måtte innrømme at jeg likte ham, han varmet teltet, var snill og passet Khrysta. Tankene var innom om han *kunne* være en infiltratør. Og hva med sedlene? Jeg burde fortalt Polan hvordan alt hang sammen. Symboler på jakka ville avsløre om han løy, og jeg bestemte meg for å sjekke.

Posen var hardt knyttet. Til slutt rev jeg i stykker plasten. Ingenting tydet på en høyere grad, kamuflasjejakka kunne tilhørt hvem som helst, men et fargerikt emblem var på ermet – fallskjerm og ørnevinger. Da snakket han vel sant om ankomsten sin, men var han mer enn en menig? Jeg visste ikke. At buksa var i samme stoff og mønster, ga inntrykk av en uniform. Pilleesken lå fortsatt i brystlomma, så jeg puttet den i BH-en. Deretter fikk jeg posen til å se hel ut, før jeg kastet den i forteltet.

Kulda var fæl. Jeg trampet mot kollen med vogna og forsøkte å holde beina i gang. Georg kom løpende med radioen han hadde stjålet, og la den under beina til Khrysta. «Takk», sa jeg hutrende. Utenlandske eksperter mente angrepet gikk langsommere enn Russland hadde sett for seg, og forsvarsdepartementet hevdet at de hadde drept 3 500 russiske soldater. Tapene av liv forferdet meg.

14 russiske fly og 8 helikoptre var ødelagt, og jeg nikket –
å angripe skulle være farligere enn å forsvare seg.

«Uniform!» ropte Eugenia, og jeg styrtet til. Hun sto
med jakka i den ene hånda og den opprevne plastposen i
den andre. Folk vendte seg mot Georg. «Kalyna!» ropte
hun, som om det fantes en annen forklaring. Flere grep til
våpen. «Si Paljanytsja», forlangte Yurij med kalasjnikoven
pekende. Ordet for det ukrainske brødet, et såkalt sjibbo-
lett som ville avsløre om han var russer. Og det lyktes,
i-lyden var tydelig. Nakken bøyde seg. Yurij tok uniforms-
jakka fra Eugenia nærmere i øyesyn. «Spetsnaz! Syvende
luftbårne arme», konkluderte han. «Da snakker han sant»,
ropte jeg. «Sa han kom i fallskjerm, visste ikke at han
skulle hit og har slekt fra Donetsk!»

Noen senket våpnene, mens andre holdt stand. «Ring
politiet», foreslo en av søstrene. «Skyt!» ropte Yurij, men
jeg løp foran ham. «Dumme jente», freste Polan og skjøv
meg unna. Jeg tok i av all kraft: «Hva mener dere han skal
gjøre? Melde seg og bli skutt når russerne tar over? Skal
dere drepe brødre?» Khrysta lå gråtende i armene mine
og snørra rant i tykke striper. «Han er med oss, han vil
hjelpe», ropte jeg og falt ved føttene til Georg.

«Skal dere synke til samme nivå som regimet der
borte?» ropte jeg. «Hvordan skal vi leve sammen etter-
på?» «Hun har rett», sa Eugenia med blanke øyne, «vi
må være bedre, han kan være like uskyldig som broren
min.» Polans stemme lød: «Må overlevere ham, han har
ting å fortelle.» Georg hadde lukket øynene. «Du, infiltra-
tør!» ropte Yurij. «Slutt», hveste jeg og skubbet til ham.
«Han vil desertere!» «Stakk du av fra Hostomel?» spurte
Jaroslav, men Georg rørte seg ikke, så Yurij stakk gevær-
løpet i skulderen hans. «Din dritt», ropte jeg og sparket.
«Du burde ikke ha våpen!»

«Hvor er du fra?» spurte Polan mildt, mens Yurij satte øynene i meg. «Fjellene i Dagestan», kom det. «Orkene er stasjonert i Novorossijsk», ropte Yurij, «de kjempet i Nord-Kaukasus og Syria.» «Ble du skutt mot?» spurte Jaroslav. Georg hvisket på russisk: «Alle i fallskjerm ble beskutt.» «Hvor mange?» spurte Yurij. «Hundrevis», mumlet Georg. «Eksploderte helikopteret?» fortsatte Yurij, og Georg nikket med bøyd hode. «Hvordan kom du deg hit?» spurte Polan. «Snakk», ropte Yurij. «Slutt!» hylte jeg. «Han mistet kameratene sine!» Jeg dunket til Yurij. «Slapp av!» ropte Polan og røsket meg i armen, mens Yurij drepte meg med blikket.

Polan og Yurij ble igjen med Georg. Andre lusket omsider bort. «Han er skadet!» ropte jeg og slo mot håndjernene som en av politimennene dro fram, de var kommet mannsterke. «Stikk nå», sa Georg og strakte fram armene. Jeg innså at de kunne ta meg også, og kom meg til teltet. Omsider kom gråten. «Kan jeg komme inn?» ba en tynn stemme utenfor. Eugenia. I bakgrunnen snakket flere beroligende med Khrysta. «Nei», svarte jeg. Pilleesken gnagde i BH-en. Ett svelg og alt kunne være over. Georg var tatt, og det var min skyld! Burde sagt han skulle løpe til skogs.

«Kalyna», sa en mørk, ukjent stemme. «Er du der?» «Sov», forklarte jeg og ristet beina mot teltduken. Flere timer måtte ha gått. «Georg er i avhør hos sikkerhets-tjenesten.» «Greit», sa jeg og så for meg alle plage ham. «Anton Koval her.» Jeg kjente igjen navnet fra utdelingen av riflene. Skrittene fjernet seg, og jeg hørte Polan. I en kraftanstrengelse fikk jeg massert føttene. «Leste du at 45 russere rømte til skogs da de ble angrepet på flybasen?» Polan kikket gjennom teltåpningen. «Han var en av dem», innrømmet jeg.

«Beklager», hvisket en kvinnestemme og dro opp glide-
låsen. «Hun er så dårlig, tror vi må ta henne til lege.»
Khrysta og storesøsteren kom til syne, og deretter Euge-
nias ulykksalige fjes. Det luktet vondt da jeg løftet Khrysta,
så jeg fant en bleie. Deretter kom vi oss etter gruppen som
hadde bestemt seg for å følge oss til sykehuset. Gjennom
krattskogen bar det, med to vakter foran og en bak. Euge-
nia og jeg byttet på å bære Khrysta. Sykehuset lå om lag
en kilometer unna og endelig var vi utenfor akuttmot-
taket. «Gå inn du», sa Eugenia og ønsket oss lykke til.

Den unge sykepleieren som tok oss imot, virket kon-
sentrert. «Vært syk lenge?» spurte hun. Jeg nikket og
fikk spørsmål om navn, alder og symptomer. Hun gløttet
på de skitne klærne mine, og jeg forklarte at jeg hadde
gått gjennom skogen, og at jeg hadde venner på utsiden.
Blikket hennes søkte mot vinduene, mens jeg løy og sa vi
bodde hjemme. Etter en kjapp blodprøve fikk jeg beskjed
om at hun måtte bli der noen dager. «Virkelig?» utbrøt
jeg før hun sa de ville prøve antibiotika. «Kan jeg være
hos henne?» Sykepleieren mente det skulle gå bra, men
ble hentet av en annen hvitkledd. Snart kom hun løpen-
de. «Busslaster med sårede», ropte hun og ba meg ta med
Khrysta hjem. «Kom tilbake om tilstanden forverrer seg,
og sørg for at hun har det passe temperert i rommet», var
siste beskjed, og jeg falt sammen.

Opptoget tok samme rute tilbake. «Bra hun fikk hjelp»,
gjentok Eugenia, men vi var alle preget av å ha sett de
sårede som ble båret ut av ambulansebussene. Kunne en
hel kaserne være angrepet? Ettersom ingenting var i ny-
hetene, antok vi de bare forflyttet pasienter mellom syke-
husene. Da vi var tilbake, tok storesøsteren meg til siden.
«Polan la inn et godt ord for deg, og for Georg – han sa
russeren hadde bidratt.» Jeg trakk igjen teltduken bak oss

og tok Khrysta på fanget. Jaroslav plasserte en gassfyrt ovn i teltet og jeg takket ham hjertelig. «Vi har hatt møte mens dere var borte, vi får et oppdrag.» Khrysta var slapp da hun fikk mat. Hendene var varme mot huden min, og hun dro i hjertesmykket. Var det et tegn at hun igjen fant gaven fra mormor?

«Beklager», sa jeg og ga Eugenia en klem. «Var redd og urimelig», innrømmet jeg. Hun fortalte at broren hadde fraktet mat til fronten.» Polan grep om skulderen hennes før hun sa: «Sier ja til alt framover, kan hjelpe til med oppdraget.» Hun smilte fortvilet og så på vottene sine. «Våpenleveransene gjør meg redd», medga jeg. «Alternativet?» spurte Polan. «Vil du bli behandlet som motstandere av regimet der borte, eller langt verre.» Jeg forsto hva han sa, men var likevel skeptisk. «Blir vi forsynt med våpen, kan krigen fortsette til vi ikke har soldater igjen, ikke på noens side.» Han pustet dypt. «Må kaste dem ut, de er kriminelle mordere, voldtektsmenn og terrorister.» «Så mange vil dø», mumlet jeg og flyttet blikket til Eugenia, og umiddelbart kom tårene hennes. «Pappa ringte, han ble skutt rett utenfor huset – for ingenting.» Jeg tok hendene hennes.

Først da sterke lys traff teltduken, kravlet vi ut. Mer utstyr ble brakt til leiren, svarte hjelmer og skuddsikre vester. «Fra Norge?» spurte jeg og tok tak i en eske. Bokstavene virket kjente. «Beskyttelsesutstyr og defensive våpen er det NATO tar sjansen på», kommenterte Jaroslav. Jeg holdt en knapp på Norge og sendte en takk gjennom lufta mot nord. Finnen ba oss vise tålmodighet med hjemlandet hans. «Deler den livsfarlige naboen i øst, vi har også lang grense.» Urolig innså jeg at vi utviklet oss til en militærleir, en som skulle forsvare byen.

Utpå kvelden var Georg tilbake, og jeg løp ham i møte.

«Engelen min», hvisket han og kysset meg på lua. Jeg fortalte om Khrysta og at hun hadde fått penicillin. Han klemte meg hardt. «Byttet side?» spurte jeg, og han nikket. «Ingen vei tilbake.» «Men hva om dere okkuperer byen?» «Etterretningen deres melder om lite fremdrift, drivstoffmangel og utfordringer med logistikken.» Han lukket øynene en stund og ristet på hodet. «Ennå er ingen byer tatt, hos dere kjemper sivile, reservister og militære side om side, dere gjør alt, mens hos oss vil få krige. Militæret vårt er så korrupt, folk stjeler alt – og noen ødelegger til og med utstyr.»

Idet vi skulle gå inn i teltet, kom et voldsomt brak. På himmelen i sør lyste snart en diger ildkule, synlig for alle. Noen gjettet olje, andre gass, og snart fikk vi svaret: *oljelageret* ved militærflyplassen i Vasylkiv, 40 mil sør for Kyiv, var truffet av en rakett. Polans hjemsted. Flere kom seg til kollen. «Økologisk katastrofe», jamret Jaroslav, og jeg så for meg kroppsdeler sveve i den enorme skyen. Ordføreren var på nettet: «Fienden ønsker å ødelegge alt, men oppnår ingenting.» Ballistiske våpen var tatt i bruk.

I den klare natten var kamphandlingene synlige, horisonten lyste opp flere steder. «Stikker til skogs en tur», sa Georg og Eugenia hvisket: «Russland invaderer virkelig landet.» Vi gikk for å lete etter Polan som vi ikke hadde sett på en stund. Khrysta sovnet etter hvert i vogna, og Georg tok hendene rundt midjen min da han var tilbake. «Galskapen kan ikke vare», hvisket han mot øret mitt.

Søndag 27. februar

Khrysta hadde sovet hele natten, og armen hans var under meg da jeg våknet. Et lite håp spiret, russere og ukrainere var ikke fiender – en løsning måtte komme så Georg fikk dratt hjem – og det normale livet kunne vende tilbake. Jeg ville studere og ta meg av Khrysta, men det måtte skje uten Rusa, måtte være sterk og holde fast ved planen om å forlate ham.

Få ganger hadde jeg våknet den natten, men sovnet raskt igjen. Vi hadde oppdaget at soveposene kunne monteres sammen. Georg hadde dratt meg tettere inntil, og pusten hadde kilt meg i nakken. Khrysta smattet fra bagen og teltet var varmere. Jeg strøk ham forsiktig over håret, visste jeg ville savne omsorgen hans. Skuddsalver i det fjerne fikk ham våken, og jeg la henne mellom oss så vi begge kunne trøste.

Til tross for lukten av brent olje, hersket en optimistisk stemning ved bålet. Yurij tok ansvar for kaffekokingen, og folk oppdaterte hverandre om de som hadde flyktet. De fleste var velberget i Polen eller et av de andre nabolandene, men var slitne etter å ha ventet i lange køer. Tyskland hadde endret en regel de hadde hatt siden andre verdenskrig; nå kunne både egenproduserte våpen og våpen direkte fra dem, leveres til en nasjon i væpnet konflikt. Tyskeren fartet rundt og snakket oppglødd om «historisk unntak». Misbilligende så jeg mot kvisthaugen der panservernraketten lå skjult.

Folk gjorde seg raskt ferdig med kaffen og samlet seg for å finne ut hvordan det nye våpenet skulle brukes. Georg hukte seg ned, og tyskeren sugde intenst på sigaretten mens han studerte manualen. Etter at Khrysta sovnet, åpnet jeg våpenteltet. Automatriflene var langt fra nypussede, så jeg tok ett fra hverandre. Yurij fikk øye på meg og skulle til å si noe. «Gjort det før», sa jeg med håndkleremsene i fanget. «Mamma har skog i Øst-Ukraina og sammen med naboene, var vi et jaktlag.» Jeg håpet å stanse kjeften hans, men så kom det: «Siktet du mot soldatene også? De ukrainske?» Georg fulgte med fra avstand.

«Imponert», påsto Yurij, «men du svarte ikke på spørsmålet.» Jeg trakk på skuldrene, var for kald til å krangle. Orket heller ikke å snakke om Øst-Ukraina, ikke med ham. Jeg ønsket bare å minnes det gode, som da farfar hadde blunket til meg etter jaktsesongen hvor jeg skjøt flere rådyr. «Pappa er stolt», hadde han sagt, og trodde vel sønnen tittet ned på oss. Hva kunne han ha lovet? Noe ovenfor pappa? Da jeg møtte blikket hans, så jeg fars klare blå, ikke farfars brune.

Før jeg begynte på neste rifle, så jeg etter Eugenia. «Kan vise deg», sa jeg og pekte mot våpnene. Yurij stilte seg foran oss. «Planen er å hjelpe soldater med å forsvare bygrensen, i tilfelle russerne forsøker å komme gjennom.» Jeg måpte. «Vi får opplæring – og i kveld kommer folk vi skal samarbeide med. «Eugenia så storøyd på ham. «Skal møte Polan ved parkeringen, mora er visst hel og pen», flirte Yurij. «Russerne er like ved», sa han og dro Jaroslav med seg. Jeg skrudde opp tempoet på pussingen, og storesøsteren tilbød seg å hjelpe.

EU-kommisjonens president Ursulas klare stemme hørtes over radioen. «Midlene til den russiske sentralbanken blir fryst.» Jeg stanset pussingen. «Vil det ramme oss», sa jeg ut i luften. Eugenia rynket brynene. «Har penger i Bank Rossiya», forklarte jeg. «Blir vi flakkende rundt som flyktninger, trenger vi dem – og mamma må reparere våningshuset.» Hun falt i egne tanker. «Ble ikke banken koblet til den russiske eliten etter Pandora papers-lekkasjen?» spurte hun. Jeg heiste på skuldrene før hun fortalte om ekstrajobben sin i bankvesenet. Tankene var innom sedlene og hvem som kunne ha tatt dem. Ingenting hadde dukket opp da jeg gjennomsøkte området utenfor teltet. Kunne Georg ha brukt dem? Var det ikke et røvertokt han hadde vært på likevel?

«Kalyna!» runget over plassen. «Så *her* er du?» Rusas kalde øyne stirret. Uniformen var skitten og buksa opprevet. En ukjent veivet med armen og forsvant. Geværløpet stakk opp bak ryggen, og et hylster hang i beltet. Omfavnelsen ble for intim og varte for lenge. Minner dukket opp, sex som liknet overgrep. Jeg rev meg løs. «Hvorfor i himmelens navn sa du ikke noe!» snerret han. «Trygge her», hvisket jeg. Han så seg om, og rødmen spredte seg på halsen. «Hjelper hverandre», fortet jeg meg å si. Georg studerte bakken, mens andre kikket stjålent mot oss. «Kan ikke bestemme over meg», sa jeg lavt. Rusa løftet Khrysta fra vogna mens den lille underleppa dirret. «Pappa», forsøkte jeg, men så startet beljingen. «Lenge siden», unnskyldte jeg og fikk henne tilbake.

Rusa insisterte på å se hvor jeg «holdt Khrysta». «Hvorfor?» spurte jeg svimmel. «Hva?» kom det. «Hva skjer? Forstår du ikke at du utsetter henne for fare? Byen blir angrepet, og dere er utendørs!» Jeg kastet uforvarende et blikk i retning teltet der Khrystas tøy hang til tørk, og Georgs hjelm lå slengt. Rusa strenet av gårde. En raggsokk i minst størrelse 45 var i hånda da han krabbet ut. «Hvem faen?» ropte han.

«Kan fortelle …», begynte jeg, men Rusa giret seg opp. «Din hore!» Han løftet en arm som om han ville slå. «Hei!» ropte Georg og kom løpende. «Du er her med *dama mi*?» Rusa gliste ondskapsfullt og satte nevene i siden, mens Georg stilte seg foran ham, et halvt hode høyere. Fargen i ansiktet til Rusa ble mørkere, og han grep geværreima fra skulderen. «Trodde du jeg var død, eller?» Han glodde olmt på meg. Khrysta strigråt i armene mine, og den tykke snørra rant. «Se og pakk!» kom det. Eugenia hadde sneket seg innpå oss og overtok Khrysta. Langsomt dro jeg ut sekken fra teltet og begynte å legge sammen våte sparkebukser, men kraften forsvant – armene hang.

«Kan ikke», hvisket jeg og øynene fyltes. «Du skal hjem!» svarte Rusa. «Vi beholder Kyiv, det er trygt der nede.» «Trygt?» gjentok jeg. I det fjerne hørtes buldringen fra kampene. «Ingen steder er trygge.» Han snøftet, og sakte kom jeg meg på beina. «Dessuten er du sint, vi drar til mamma!» «Østover?» spyttet han. «Spenna gæren? Full krig der.» Jeg skjøt inn: «Portforbud fram til mandag, i gatene i Kyiv blir man skutt. Hjemme har jeg i alle fall noen å snakke med.» «Vi har satt 60 sabotører ut av spill!» Han glante rundt seg. «Er ikke byen omringet?» kom jeg på. «Borgemesteren har ikke peiling, byen er under *vår* kontroll.» Haka løftet seg.

Khrysta. Jeg kunne ikke utsette henne for ham. «*Du* er ikke trygg», hvisket jeg og ble kvalm. «Jævla ludder!» Rusa tok ladegrep. Sjokkert så jeg på. Den vonde luggingen dukket opp i minnet. «Hei», ropte Polan og rettet kalasjnikoven mot ham. «Stikk, bølle!» Han tok raske skritt mot oss, og de to målte hverandre. «*Du* her?» kom vantro fra Rusa. «Om hun vil, kommer hun etter.» Stemmen var overraskende myndig, og Rusa løsnet sikringen. «Nei», ropte jeg og styrtet fram, kunne ikke la ham gjøre det. Så smalt det fra pistolen. Geværet til Rusa landet på bakken, og han tok seg til skulderen. Han ville plukke opp våpenet, men ble kastet bakover da Georg fyrte av igjen. Sjokkert så jeg blodet trekke gjennom jakka.

Etter at Rusa ble båret til den ventende ambulansen, vandret jeg rastløs rundt. Innover skogbunnen helte folk bensin i ølflasker. «I tilfelle angrep», forklarte den eldste av søstrene og tvinnet en veke i hånda. Georg var tatt med til nye avhør. Etter flere timer fikk jeg endelig skrevet til foreldrene: *Skadet og er på sykehus i Kyiv.* Jeg så for meg moren briste i gråt. Så slo jeg av mobilen og gjorde mekanisk ting jeg ble fortalt av andre. Flere stemte i sangen *Den røde krossved i enga* mens molotovcoctails ble stablet i pappkartonger.

Jeg bar eskene i skjul etter hvert som de ble ferdige, men finnen stilte seg foran meg. «Molotov, du husker ham?» Jeg nikket. «Vjatsjeslav Molotov, russisk utenriksminister.» Han smilte stort. «Finnene oppkalte de hjemmelagde bombene etter ham under vinterkrigen fra 1939–40.» Så innrømmet han at den første ble til under spanskekrigen noen år tidligere. «Latinsk blod», smilte han og vrikket på hoftene. «Bandera smoothie», ropte den eldste søsteren og danset rundt ham. «Slava Ukraini», svarte han og holdt knyttneven i været, hilsenen som var forbudt i det gamle Sovjet. «Ære til heltene!» runget rundt oss. Stepan Bandera var en velkjent anti-russer, ikke min favoritt, men ble regnet som den rene nasjonalhelten vest i landet. Sammen danset de hopak rundt bålet til rytmene fra sangen om krossveden. Slapp så jeg hvordan Yurij nærmest svevde gjennom lufta, før han falt på huk og sparket med beina.

«Så du Instagram?» spurte Polan andpusten. Han forklarte at Andrij Khlyvnjuk, vokalisten i hip hopp-gruppa BoomBox, hadde sunget sangen utenfor Sofia-katedralen tidligere på dagen, iført uniform og en AK-47. «Trakk seg fra turneen i USA», smilte han og satte seg ved siden av meg. «Overlever nok, hadde jo vest», la han til da jeg ikke responderte. Storesøsteren pustet ut ved siden av oss etter dansen. «Ingen vitale organer der kulene trengte inn, og sykebilen kom raskt», sa hun og strøk meg over vottene. «Og ikke din skyld.» Likevel, samvittigheten slapp ikke taket. «Burde blitt med og forklart, ikke provosert», sa jeg. Polan ristet på hodet, mens Eugenia bare så undrende på meg.

«Sikkerhetsfolka», forklarte Polan og stakk mobilen under haka mi. «Vært aggressiv og slått, men ikke truet noen på livet», svarte jeg. Heldigvis hadde flere i leiren stilt opp og forklart seg om hendelsen. Polan ble stående. «Hvorfor sa du ingenting?» Jeg heiste på skuldrene. «Tok seg opp over tid, kanskje vennet jeg meg til …», hvisket jeg. «Ønsket jo å klare det.» «Klare hva?» spurte han. «Ekteskapet», sa jeg og hørte han pruste. «Trodde vel på endring», forsvarte jeg meg. Han så meg i øynene. «Ikke la *noen* skade eller såre deg igjen, du er verd mer – husk det.»

Jeg fant tilbake til 007-nummeret og skrev på russisk: *Georg har forsvart en voldsutsatt kvinne og er tatt med til avhør.* Jeg betraktet teksten. Voldsutsatt. Ordet virket så fremmed. «Kharkiv er vår», ropte den ene søsteren, og den andre danset av glede. Mens jeg trykket *send*, hørtes flappingen fra øl-boksene som ble åpnet. «Russerne vil forhandle i Minsk», proklamerte Jaroslav. «Russlands for-gård», fnøs Yurij. «Zelenskyj bør holde seg unna om han er mål nummer en», mumlet jeg. «Sprøtt at han fremdeles er i byen.» «Kan jo styrke kampmoralen», mente Jaroslav og rapte. Jeg lurte på om han hadde fått jobben med å oppmuntre meg. «De ønsker jo å demilitarisere oss», sa jeg. «Ja, ja», sa Jaroslav, «og vi skulle love å *aldri* bli en del av NATO.» «Ville det ha hjulpet?» spurte jeg. «Da vi ga fra oss atomvåpnene i 1994, var jo avtalen at de *ikke* skulle angripe.» Han nikket megetsigende og fortsatte å supe i seg øl. «Kan takke Elon Musk for at vi får med oss alt.» Han så lenge på meg. «Akkurat», svarte jeg. «Via Starlink», snøvlet han og stakk pekefingeren i været.

Jeg tok sjansen på å slå på mobilen. *Mister kanskje armen,* hadde Rusa skrevet. *Gjør meg vondt,* svarte jeg, og i neste melding skrev han: *Kharkiv er ikke tatt, og ikke Kyiv. Ikke tro Putin når han sier at atomvåpnene skal settes i kampberedskap.* Jeg takket for at han delte. *Vi er ikke i en farligere situasjon, som Vesten hevder,* var en ny melding fra Rusa. *Ikke tro dem, men det gjør du vel, russertispe.* Jeg glapp mobilen så øreproppene spratt.

Yurij fartet rundt og informerte alle. «Fem kilometer lang kolonne med militære kjøretøy på vei.» Jeg vurderte å løpe til banken med Khrysta, sikre pengene og flykte, men så kom Georg og vi løp mot hverandre. Yurij skulte på oss mens jeg fortalte om utviklingen med Rusa. Han strøk meg over håret, men var sparsom med ordene. «Gikk det greit?» spurte jeg. Han dro fram en stor mobil. «Jobber for dere», hvisket han. «Hvordan?» utbrøt jeg. «Overleverte papirene mine, alle instrukser, alt», sa han.

Før jeg la meg, kom Polan til teltet. «Vi skal stå vakt langs en av småveiene inn mot byen, et flatt parti mellom to åskammer vel en kilometer unna de russiske stillingene, men vi mangler folk, mest speidere.» Han var rød i øynene. «Spør du meg?» fikk jeg frem. «Speiderne vil være trygge, de skal stå et stykke unna på en høyde og gi oss andre signal.» Jeg ristet på hodet. «Khrysta», minnet jeg om. «Selvsagt», sa han og snudde seg. «Må tenke», ropte jeg mot ryggen hans. «Greit om jeg sover her?» Georg var kommet ved siden av meg. Han nikket i retning teltet. «Enten rives jeg i stykker i kamp eller blir fanget og tatt livet av», hvisket han da vi lå i dobbeltposen. Jeg la hendene rundt ansiktet hans. «Første er å foretrekke», mumlet han.

Den natten ble vi stadig vekket av høye smell. Bildene fra da Rusa ble skutt, hjemsøkte meg i tillegg. «Bekymret?» hvisket Georg. Jeg ville si nei, men klarte ikke å ligge rolig. «Redd han kommer tilbake», innrømmet jeg idet han dro meg nærmere. «Skal passe på», trøstet han. Folk i leiren hadde bedt meg anmelde, men jeg var usikker. Kanskje fikk han sjokk, og en sjalusireaksjon. «Er vel bekymret for Khrysta, han også», mumlet jeg.

Idet jeg sovnet kom bildene fra politistasjonen der jeg ble dratt og holdt mens andre sparket. Jeg ynket meg, men ble vekket av at armen til Georg la seg tungt over brystet. Jeg regulerte skjerfet over bagen til Khrysta, men å sovne igjen ble vanskelig. Om jeg lot fingrene gli over underarmen, kjente jeg fortsatt kulen fra armbruddet. «Godt du er vant med våpen», gryntet Georg. Men kanskje roet ikke ordene ham selv heller – den regelmessige pusten uteble.

Mandag 28. februar

«Syretesten?» Polan kikket mot meg mens vi gikk. Ville ikke kjent ham igjen fra universitetet for en drøy uke siden. Heller ikke fra da han braste egg. Og det var bare fire dager siden. Nå var han iført skuddsikker vest, hjelm og bar en M72 på ryggen. Jeg tvang fram et grin uten å forstå hva han siktet til, likte ikke å se ham i utstyret. «Om elskeren din kan drepe egne», hveste han etter å ha kastet et blikk rundt seg. Jeg hadde planlagt å gjøre speiderhilsenen, men lot hånda falle. «Hvordan kunne du stole på ham?» Jeg vendte demonstrativt og tok en annen vei mot bålplassen.

Speiderpostene måtte fylles, og jeg meldte meg til slutt. Sikkerheten for de fra leiren gjorde utslaget. Men tankene var også hos de som ikke kom seg til bomberommene – og alle barna. Russerne fortsatte å ramme sivile mål. Sammenlignet med Eugenia, var *jeg* mer egnet. Hun var i sorg. «Får det bedre med deg», sa jeg da jeg bar Khrysta mot teltet hennes. Jeg oppga telefonnummeret til mamma. «Slutt å tull», skjente hun og smilte mot datteren min. En melding var kommet fra småbruket: *Beklager, fikk ikke si noe, han ringte for tre år siden.* Jeg tastet febrilsk: *Hva mener du? Hvem?* Ingen flere ord fra henne, og jeg måtte slå av mobilen.

I tre privatbiler trykket vi oss sammen og fulgte en kolonne av militære kjøretøy. Jeg og storesøsteren ble vist til poster noen kilometer unna der bilene ble parkert. Alle klemte hverandre før vi skiltes. De første minuttene jogget jeg rundt i skogen mens jeg ventet på klarsignal. Polan, Georg og de andre var på vei for å finne posisjonene sine. Fra der jeg sto, hadde jeg utsikt til veien, mens bakholdet var i skjul noen hundre meter unna. Georg haltet fortsatt, og det bekymret meg. Og så kom meldingen om at alle var på plass, og vi måtte for alvor følge med.

Litt utpå dagen fikk jeg øye på mørke skygger som nærmet seg i det fjerne. Først en, så flere. Jeg løftet kikkerten. Det som på avstand liknet brune lekebiler, kom overraskende sakte og jeg drøyde for lenge med å gi beskjed. Polan svarte med en gang. «Panservogner og gående personell», ropte jeg før jeg fulgte mine egne fotspor innover skogen. Idet jeg skulle hoppe over en bekk, kom en voldsom eksplosjon, tett fulgt av automatgevær-salver. En fot traff feil, og jeg ble dyvåt til kneet. Tanken på russerne, gjorde meg uvel. Kanskje de nedi tanksen heller ikke ville krige.

Jeg kunne ikke avgjøre hvilken retning jeg burde ta, alle trær og tuster virket ukjente. Fortsatte imidlertid å kave og turte ikke snu. Mens geværsalvene ljomet, veltet magen seg. Uvel kastet jeg opp i en nordvendt li full av rotten snø. Raskt skuflet jeg våt masse over. For å orientere meg, måtte jeg fram med mobilen, men fant ikke ut av det. Fotspor gikk i alle retninger, så jeg slo av mobilen og krabbet inn under en tett gran med den fargesterke lua under meg. Mens jeg lå der, slo det meg; mamma kunne ha ment onkel. Og at hemmeligheten gjaldt kontoen. Var de fra ham? Fra barndommen hadde jeg minner om lek, og at han tok oss med over isen. Med lengdeløpsskøyter og kraftige fraspark kom vi opp i fart, og med skrekkblandet fryd hang vi etter i en lang kjepp. Pappa hadde stått på bredden og ledd høyt. «Ikke mist taket!» ropte han. Og mamma, hun sørget alltid for prjazjene moloko når vi kom inn, den karamellsmakende melken som hadde kokt over vedovnen i lang tid.

Øreflippene kjentes som isbiter, men jeg kom meg videre. En kvist knakk et stykke foran meg, og pulsen steg. Jeg krøp sammen. Da det ble stille, løp jeg i en stor ring. Blodsmaken kom, men brått var jeg ute av skogen. Rett ut i veien sprang jeg, hadde tenkt meg over, men en bil bråbremset. Jeg stirret på sjåføren og gispet: «Polan!»

«Du skulle sett vogna!» støyet Yurij da jeg trengte meg inn i baksetet. «Opp med humøret», oppfordret han. Jeg krympet meg, noen *var* sprengt i filler. Av oss. Han slukte meg med blikket. «Vi stanset dem!» Brått snudde han seg og kysset håret mitt, og jeg dunket ham hardt i brystet.

«Hva faen!» ropte han. «Faktisk er du ikke tilgitt for at du dro inn en russer.» «Dro inn?» skrek jeg høyere enn ham. «Beskyttet!» ropte han. Polan bråbremset. «Hold snavla, bak der!» Olmt skulte han mot oss. «Vi hindret at vogna ble brukt til å skyte boliger. Og Georg bidro, så demp deg, Yurij.»

Mammas siste ord kom til meg igjen. Mente hun onkel? Kanskje savnet han pappa like mye som oss og hadde vanskelig for å bli boende, midt i krigen og stedet der de vokste opp. Kanskje hadde de også minner om lek på isen og varm melk om kveldene. «Kan du stanse?» ropte jeg da vi kjørte gjennom sentrum. Polan tittet i speilet. «Bør vi ikke heller få varmen i oss?» «Kan være greit med en shoppingrunde, må jo pynte seg – hun er omsvermet», hetset Yurij og kløp meg på innsiden av låret. Jeg forsøkte å ignorere ham, men så husket jeg hva Polan hadde sagt og langet ut knyttneven. Etter å ha bomma, kom jeg meg ut av bilen. «*Vi* stikker til leiren», lo Yurij rått gjennom vinduet.

Foran skranken ble de bange anelsene til virkelighet. «Hvordan kan det skje?» spurte jeg. «Er nok rammet av krigen på et vis», svarte kvinnen bak glassmontere. Jeg sank sammen. «Beklager, kom tilbake i morgen», hørte jeg bak meg. Telegrammeldingen fra den ukjente virket desperat. *Dette går ikke, dere må ut derfra!* Jeg kunne ikke skjønne hvem. Måtte være en fra leiren, en jeg traff tidlig. Jaroslav eller Yurij?

Polan møtte meg på parkeringsplassen. «Pass på hvor du trår», fikk jeg beskjed om. «Anton snakker om miner.» Sakte kom vi oss tilbake. Khrysta gråt og strakte armene mot meg da jeg huket meg under teltduken. «Gått bra her, vi koser oss», bedyret Eugenia og ringlet med nøkkelknippet. Jeg klemte den lille kroppen inntil meg og innså at hun virket bedre, blikket var ikke like glassaktig. «Likner sånn på mamma», kom det. «Meg?» utbrøt jeg og kneppet opp så hun fant maten. «Mener du utseendet?» «Hun er rolig», svarte Eugenia, «men målrettet.» Jeg måtte smile, hadde tenkt hun liknet Rusa mest.

«Bilen med Georg er sen», sa Polan med rynket panne. Jeg måtte gjøre noe for å holde uroen unna, så jeg løftet Khrysta fra teltet og gikk mot vårt. Ifølge informasjonen på nettet, kunne ingenting gjøres dersom pengene var fryst. Men hvorfor var mamma så hemmelighetsfull? Var noen i familien knyttet til feil side? Så vidt jeg hadde fått med meg, gikk sanksjonene først og fremst ut over de vestlige verdiene til russere med koblinger til regimet. Gjaldt dette noen i vår familie? Var det noe i folkesnakket om at farfar hadde hatt forbindelser til KGB? De mente han umulig kunne ha reist utenlands uten en sånn kontakt.

Georg kom krypende inn i teltet noen timer senere, og jeg slapp ham ikke. «Polan sa du var treg med å ringe», sa han. «Klager *du* på *meg*?» Jeg liksom-fiket til han. «Greit å løpe?» spurte jeg. Han sa han hadde tyvlånt en moped til første etappe. Bilen hadde fått motorstopp, men et lokalt verksted tilbød hjelp. «Panservognene kom sakte, men de har toppfart på 80 kilometer i timen, så du må følge med.» Han la en hånd på den ene skulderen min. Jeg nikket inn i ullgenseren, tenkte på byens barnehjemsbarn som risikerte å få kuler gjennom veggene.

«Kom», sa Georg og holdt soveposen åpen. Jeg krøp tettere for å stjele varme. Idet han dro opp glidelåsen og jeg boret ansiktet mot brystet, ilte det i magen. «Vi beskyttet folk», hvisket han. Den som sendte meg hemmelige meldinger var kanskje Jaroslav, han hadde vist interesse for meg tidlig. Forestillingene om hvordan det måtte ha vært inni kjøretøyet, kom tilbake. Snart ville vi få vite hvor mange som var drept. Skulle jeg nekte flere oppdrag? Ville jeg bli uglesett? Kanskje risikerte vi at noen fra leiren, ble drept. Jeg grøsset. Vi var fanget i noe jeg ikke rådde over – noe fryktelig.

Tirsdag 1. mars

Bakken vi lå på, skalv. Noe skjedde like i nærheten. Han som hadde vakt på kollen, kom styrtende i grålysningen. «Søk dekning, de bomber!» En svart røyksky fylte himmelen, og snart var vi i den. Khrysta gråt mens jeg løp, øynene sved. Noen skrek: «TV-tårnet raser!»

Tett i tett stimlet vi sammen langs veggene i bunkeren for å unngå det brennende metallet. «Informasjonskrig», konstaterte Jaroslav og la til: «De vil ramme den frie journalistikken.» Jeg satte meg inntil ham og viste fram meldingene som jeg trodde han hadde sendt. Han ristet uforstående på hodet. «Må være noen som hele tiden vet hvor jeg er», forklarte jeg. Han åpnet håndflatene som for å peke ut alle rundt oss. «Når startet det?» spurte han. «Fire dager før invasjonen, men møtte jo flere av dere utenfor universitetet til Polan.» «Ikke meg», sa han bare. Lillesøsteren utbrøt med nesa i mobilen: «De bomber Babyn Jar!» Minnestedet der over 33 000 jøder ble massakrert under annen verdenskrig. «Herregud», hvisket Jaroslav, mens Eugenia knep igjen øynene. «Jævla nazist», bannet Yurij. «Nasjonalgarden har gitt oss poster langs en annen vei», sa Polan. «Nettet går nok ned, men la det ikke stanse oss, de kommer til å prøve seg.» Georg nikket. «Tror ikke jeg orker mer», hvisket jeg og sank på huk. «Men vi trenger deg», argumenterte Polan. «Tenk på broren til Eugenia, han plaffet de bare ned.» Jeg vemmet meg.

«Ta med våpen», rådet Polan da vi famlet ut av bunkeren. Ingenting hadde truffet teltene, men røyken lå tung. Jeg kikket mot tårnet som fremdeles brant. Motvillig løftet jeg automatrifla. «Løpe med denne?» stønnet jeg. Hjemme pleide pappa og jeg å gå på rådyrjakt i skogene med Bella, den kortbeinte beaglen som ble min beste venn. Mens mamma og de andre satt på post, tok far med rifla i tilfelle rådyra spratt foran oss. Sammen med Rusa og familien hadde vi også jaktet nær Odesa. Jaktrifla jeg ble vant med der, var noe annet enn den skranglete kalasjnikoven.

Minner dukket opp. En dag kom ikke Bella hjem, og vi mistenkte ulv. Etter flere uker fant naboen restene, og halsbåndet. Ett helt år gråt jeg meg i søvn, jeg savnet det milde vesenet med den bløte pelsen. Bare labbene var igjen. At gråbeina kunne være så grusomme var vondt å ta inn. Fra den dagen av, bestemte vi at jakthundene fikk gå i bånd. Skytetreningen opp igjennom årene ville nok holde, men kvalmen økte ved tanken på å sikte mot mennesker. «En ting er å drepe for mat, noe annet er å ta livet av unge folk som kanskje er tvunget hit.» «Selvforsvar», minnet Polan om og klappet meg keitet, som om å klemme var blitt forbudt.

Sersjant Anton Koval kom tilbake for å gi oss instruksjoner. Under de høye furuene ved parkeringsplassen ble vi presentert for de vi skulle aksjonere med. Samtlige så uerfarne ut i nye uniformer. «Skal vi forsvare hovedstaden?» ropte sersjanten, og folk hoiet til svar. «Dreper gjerne de som står bak påfunnet om å invadere», sa jeg, og flere så i min retning. «Kan jo speide etter en høyere offiser, var du ikke jeger?» Anton løftet en flat hånd til panna. «Se etter grått hår, orkene er ved fronten for å motivere.» «Trengs», kom tørt fra Georg.

Jeg var mer urolig denne gangen. Flere timer passerte, men så dukket de opp. Panservognene holdt høyt tempo. Omsider fikk jeg kontroll på hendene og fiklet fram mobilen. «Kjører jævlig fort i dag», ropte jeg og løp alt jeg maktet. Skudd hørtes, men ingen drønn. Var posten avslørt? Høye rop lød. «Kom dere unna!» oppfattet jeg. Så sang salvene fra automatvåpnene, og bakken ristet. Hadde vi tanks etter oss?

Ordren om noe gikk galt, var å bevege oss sørover i skogen, spre oss og ikke oppsøke bilene før etter flere timer. Mobilbruk var utelukket. Jeg sprang det jeg hadde mens børsa dunket mot ryggen, lengst mulig bort. Smellene ljomet. Vi speiderne skulle være først til bilene og så plukke opp en og en nordover langs skogkanten. Skulle jeg snu? Da blodsmaken ble sterkere, fant jeg en fjellknaus å gjemme meg bak. Jeg rev av meg lua og ålte så jeg fikk utsikt dit skuddene kom fra. Raspende lyder nærmet seg. Snart kom Yurij haltende med hvesende pust. Tre kamuflasjekledte tok innpå og nærmet seg skuddhold. Jeg siktet mot beina til den fremste før jeg fyrte av. Han hylte mot lyngen. «Stans!» ble ropt. Russisk. Så fulgte stillhet. Etter å ha ligget flat i flere minutter, hørtes rasling. Jeg tok sjansen og tittet over kanten, og ganske riktig; russerne stakk.

Skogen roet meg. Var det noe jeg behersket, var det snikjakt – pappa og jeg hadde elsket spenningen. Å liste seg gjennom skogen, ofte i bare sokkene, før vi satte rådyrstek på bordet, hadde blitt en besettelse allerede før jeg var ti. Jeg holdt tankene på langstekt rådyrkjøtt, saftig og mildt. En grønn lue og en SVD-rifle lå igjen etter dem, en med kraftig sikte. Det elegante våpenet sto i skarp kontrast til mitt masseproduserte. Jeg trodde knapt hva jeg så. Treverket virket godt vedlikeholdt. Var det gjenglemt med vilje?

Sporene og alt blodet var lett å følge, selv uten hund. Brått hørte jeg stemmer, og jeg ålte meg fram til et juv med utsikt. Foran meg ble den sårede slept langs en lysning. En bilkortesje kjørte fram, og i kikkerten fikk jeg øye på en fyr i lysegrønn uniform. Stjernene langs skuldrene glimtet i sola, og magen bulte under det fargerike brystpartiet. En dekorert offiser. Jeg glemte alt rundt meg. Var han høyt nok på strå, kunne det utgjøre en forskjell. Sakte fikk jeg fram den gjenglemte rifla.

Jeg kunne klare det, ta ham ut. Siktet var godt og avstanden under hundre meter. Blodet som sprutet fra låret til russeren, gjorde oppfatningen uklar, men jeg tvang tilbake synet; så heller for meg spretne rådyr bakom trærne, måtte mane fram noe fra gammelt av – *jaktlyst*. Men det blodige politifjeset kom opp i minnet, og smertene når kollegaen sparket. Rusa som ristet meg. Hånda skalv, men jeg fikk til slutt våpenet stødig langs en trestamme, siktet og trakk av.

Etter å ha sprunget alt jeg hadde, hev jeg etter pusten og sank ned i ei dyp grøft. Jeg takket høyere makter for joggeturene langs Dnepr etter fødselen. Den som skrev hemmelige meldinger tok feil; jeg *var* trent, for nettopp dette. Takket være pappa, og farfar. Så løp jeg igjen, men kom til et fuktig myrområde, kunne ikke trå utpå og turte heller ikke snu. Måtte vente til skogen ble stille. Ble så liten jeg kunne i et tett kratt, og håpet jeg ikke forfrøs noe. Ved en anledning hørte jeg skritt og turte knapt puste. Nye skuddsalver lød, og hendene skalv. Tok de opp jakten?

Forfrossen kravlet jeg ut fra gjemmestedet flere timer senere. Venstrefoten ville først ikke trås på. Med museskritt kom jeg meg stiv rundt myra, ett steg av gangen. Unngikk å tråkke på kvist og lyttet for hvert skritt, mer nervepirrende enn noe jakt. Å stå ansikt til ansikt med en bison, kunne ikke gitt mer adrenalin. Noe hveste foran meg, og jeg ble usikker. Skulle jeg gi opp, si takk for meg og la ei kule være slutten? Eller kulda? Jeg ble stående. Tankene på Khrysta som hostet og gråt etter tryggheten ved brystet, fikk meg videre. Ei elgku med kalv kom til syne, og endelig fikk jeg fart på beina.

Polan og Jaroslav manglet da vi endelig var tilbake. Tafatte satte vi oss ved bålet. Røyken fra tårnet hang fortsatt i lufta, men jeg enset det knapt. «Hvorfor?» jamret lillesøsteren. Var det min skyld? Ble vi jaktet på etter at offiseren falt? Jeg holdt imidlertid kjeft, ønsket ikke oppmerksomhet om skuddene. Polan hadde vært den uformelle lederen siden starten. Hans omtanke og varme hadde holdt oss oppe, og sammen. Jeg kunne ikke tenke på ham i fangenskap, det ble for fælt. Sålene på støvlettene var i ferd med å smelte da Georg sparket dem unna. «Ta dem heller av», kommanderte han, men jeg orket ikke. Godtok heller ikke tonen. «Pass dine egne saker!» glefset jeg, men Georg bare føyste ordene bort.

«Blir du aldri sint?» spurte jeg mens han løsnet lissene mine og ba meg spise. Av en eller annen grunn fikk det meg til å smile. Jeg viste fram trofeet fra skogen, ett skudd hadde jeg avfyrt fra hvert av våpnene og begge hadde truffet. Flere beundret den elegante rifla. «Sett Eugenia?» ville jeg vite, men før noen fikk svart, kom hun løpende med oppsperrede øyne. Vogna var ikke å se. Jeg reiste meg, og hjertet dunket. «Mannen din, han tok henne!» Jeg svaiet. Georg grep meg idet jeg var i ferd med å falle mot bålet.

«Pust med magen», befalte han. Eugenia sank mot skogbunnen mens brystet pep. «Du også», hørte jeg ham si.

Med ett kom høye rop og skudd fra skogen. Jeg spurtet mellom teltene og kastet meg bak Jaroslav sitt. Georg grep rifla og kom seg i dekning ved noen kraftige bjørker, mens Eugenia krøp inntil meg. Prosjektilene flerret trestammene rundt Georg. «Vi dør», ropte Eugenia og grep meg om overarmen. Like etter smalt det igjen. Vi var i kryssilden, men i skjul. Skjelvende holdt vi om hverandre.

Sakte ålte jeg mot teltinngangen. Etter å ha romstert mens kulene haglet, fant jeg endelig pistolen. Og nå var den ladd. Eugenia hadde kravlet etter meg og stengte for teltåpningen. «Kom deg inn!» hveste jeg. Idet hun sparket fra, sneiet et skudd og flerret anorakken. Jeg dro så hun kom på innsiden. Forsiktig stakk jeg hodet fram mot inngangen og fikk se toppen av en mørkegrønn lue. Kunne det være en av oss? Eller en opprører fra øst? Kanskje en skolekamerat? Han dukket fram og holdt geværløpet mot oss, men en eksplosjon fikk kroppen til å fly. Skudd traff bakken, og vi la oss flate.

«Skal vi ta sjansen?» hvisket Eugenia. Omsider var det stille. Georg holdt tommelen opp, og utenfor ropte Yurij: «Slava Ukraini!» Blikket hans sveipet meg før det gikk i bakken. Var han klar over at jeg reddet ham? Vi krabbet ut og så at et område var brent utenfor. De grønnkledde lå i vridde posisjoner, og folk fra leiren listet seg fram. Eugenia holdt seg bak meg mens kjente fjes stakk opp fra steinmuren. De fremmede som hadde sneket seg innpå oss, var alle døde eller alvorlig såret. Eugenia ringte nødnummeret, og Georg haltet etter førstehjelpskofferten. Jeg fant en sten og fikk stanset blødningen på den luekledte mannen. Samtidig lurte jeg på hvor Rusa kunne ha tatt Khrysta. «Puster fortsatt», sa Eugenia og bant hendene hans. Tyskeren kom haltende. «Støvel full av blod», jamret han.

Storesøsteren var truffet og holdt seg for armen med en grimase. «Så dere?» ropte hun. «Bandera smoothie ved teltet deres – Yurij som kastet.» Hun lo og gråt samtidig. «Hadde null sjanse.» Med rifla fremfor meg fulgte jeg stien, men innså hvor lang tid som var gått. Redselen for miner gjorde at jeg holdt meg til stien der nasjonalgarden hadde tråkket. Georg innhentet meg før parkeringsplassen. «Aldri alene», formante han. «Burde skjønt at det kunne skje.» «Må hjem», sa jeg, men han ristet på hodet. «Må planlegge.»

Letingen brakte fram vonde minner. Ulven som hadde tatt Bella, søket i skogene og så vissheten om at hun var død. Levende fortært. Rusa var fæl nok til å stjele datteren min, hun jeg hadde pleiet siden fødselen, for det meste alene. «Skal anmelde ham for alt han har gjort, også for klypene på brystvortene», gaula jeg. Georg skjulte et smil. «Må vel kontakte politiet», foreslo han, og jeg løp tilbake for å finne noen med strøm på mobilen.

Nasjonalgarden var raskt på plass og forsøkte å finne ut hva som hadde skjedd. Jeg ringte politiet. «Vi har fullt opp», sa en kvinnestemme, og jeg var usikker på hvor mye jeg burde fortelle. At vi bodde i telt når hun var så dårlig, kunne tale mot meg. Og Rusa var jo faren. Jeg la på. «Spesialsoldater», konkluderte Anton. «Fikk nyss om aktiviteten.» Han sa det kunne ha sammenheng med at to fra leiren var forsvunnet, kanskje tatt til fange. Jeg orket ikke høre og snudde meg bort. Yurij hevet armene til en high five med Georg. «Du klarte en, resten var mine», sa han og fikk Georg til å se i bakken. «Sikkert mannen din som sladret», trøstet Eugenia og iakttok meg mens hun gren på nesa. Jeg hvilte bare hodet i vottene og forsøkte å koble ut verden. Fra øst visste jeg hvor nådeløse avhørene kunne være. Å si man var på feil side, var å ville seg vondt. Folk opplevde mishandling, tortur og drap – og fengsling uten dom. Nå fulgte snart et militærdiktatur i Kyiv, og vi måtte venne oss til massive kontroller og overgrep. Krigsrett. Okkupasjon og krig – som jeg hatet det. Av alt jeg mislikte, var tortur det verste. Eugenia dro meg inntil seg.

Da alle de døde og sårede var tatt hånd om, hinket Georg bort til folka fra militæret. «Hun du leter etter, kan førstehjelp og er jeger.» «Hva?» stotret jeg. Sersjanten så undersøkende på meg og gryntet «Koval», før han strakte frem hånda. Så fisket han telefonen opp fra lomma, den kimte i ett. «Dere må bort», sa han. «Er øyene i Dnepr trygge?» spurte søstrene. «Alt for farlig, parkene kan være minelagte og all utmark rundt byen – spre dere så mye dere kan!» formante han. «Gå i skjul hver for dere, og ikke fortell om leiren – ikke til noen.» Georg dyttet meg oppmuntrende i siden før Anton brøt inn: «Vi leter etter en kvinne til et vaktoppdrag.» Han så rett på meg. Georg gliste, mens jeg var skeptisk. «Datteren min er tatt, jeg må finne henne.» Sersjanten nikket. «Lettere der», argumenterte Georg. «Men hvorfor meg, jeg er da ikke kvalifisert.» «Har mine ordre, og noen sier du forstår tysk og norsk?»

Ti minutter tok det oss å nå sentrum. De pansrede bilene svingte etter hvert inn i et av Kyivs forretningsstrøk, og vi nærmet oss inngangen til det som så ut som et parkeringshus. Nedover etasjene kjørte vi mens dekkene hvinte. «Presidentfamilien holder til her», avslørte Anton og gløttet mot oss i speilet. Georg gjorde store øyne. Vi var rett ved Mariinskyi Park og presidentpalasset. Via mediene hadde vi inntrykk av at det ikke var kontakt mellom Zelenskyj og familien. At de fortsatt var i byen, overrasket. Kvalmen bølget på, verre for hver sving og jeg kom ut av tellinga på hvor mange runder vi hadde kjørt.

Betongveggene var nakne, og det luktet av fuktig mur. Fra parkeringsplassen ledet en jerndør inn til en fargerik entre med garderobeskap. Lufta var merkelig frisk til å være minst fire etasjer under bakken. To dører var i inngangspartiet, og den ene ledet til en liten, moderne toroms leilighet malt i jordfarger. Jeg forsøkte å late som vi befant oss i et høyhus selv om vinduene manglet. «Vaktbua», forklarte Anton før han henvendte seg til Georg. «Bli her inntil ny beskjed.» Jeg var på badet, men med åpen dør og overhørte en hvisken mellom dem. «Kunne ikke levert en bedre søknad.» Jeg stusset. Var Georg – en russisk soldat – tiltenkt en rolle?

Om jeg bare kunne få tilbake Khrysta, kunne tilværelsen bli levelig. Men var det et problem at jeg var fra det østlige Ukraina? I tillegg dette med kontoen. Og på hvilken side var onkel? Om familien min hadde hatt kontakter i KGB, kunne jeg bli kastet ut på dagen. En reisebarneseng sto midt på gulvet mellom stua og kjøkkendelen. Synet fikk meg til å knekke. «Vi stikker, har lånt bil», sa Georg og kastet nøklene i været. «Hvorfor tillater de en russer her?» hvisket jeg. «Forteller jo … alt», kom det. Han bøyde nakken og pekte. «Ikke så enkelt, dette», forsøkte jeg og fikk øye på dokumentet hvor det sto at han var klarert.

På vei ut av byen måtte vi stanse ved flere kontrollposter, det krydde av uniformerte. Jeg trykket inn flere knapper og kjente varmen bre seg i setet. Håpet bare Rusa var i leiligheten. «Anton har informert vaktmannskapene, og de har takket meg», kommenterte Georg da vi var på vei nordover før han brått svingte inn på en busslomme. «Kameratene mine har sporing på mobilen, de bruker Whatsapp så vi ser …» Jeg strøk ham over ryggen.

Leiligheten var skuffende mørk fra utsiden, men så kom jeg på all pappen Rusa hadde montert. «Hvordan gjør vi det?» Vi stanset halvveis opp trappene. Pistolen var i linningen. «Ladd?» spurte jeg, og han nikket. Først da vi trampet videre, innså jeg at han ikke haltet lenger. «Skal forsøke å overtale ham», sa jeg, men ansiktet viste ingen tegn til optimisme. «Vent her», formante jeg.

Lukten av sure bleier slo imot meg. Jeg lyttet. Kaffekoppene var alle kalde og barnetallerkenen på kjøkkenbenken hadde rester av stivnet grøt. På badet var tannbørsten myk, ikke knusktørr som når han ikke hadde vært hjemme på noen dager. Kunne han ha sett oss komme? Jeg grep toalettmappen med smertestillende og termometeret. Naboparets nøkler oppbevarte vi i kommoden i gangen, men nå var de borte. Et brev fra banken lå i samme skuff. Jeg bannet. Kredittkortet var fjernet fra arket.

Ingen lukket opp da jeg banket på over gangen. Men hørte jeg små knirk? Og klynkelyder? Jeg trykket nummeret til Rusa, men den velkjente ringetonen uteble. Så Jelenas. Hun svarte heller ikke. Om han var der, hadde han babyutstyret han trengte. At hun ikke tok telefonen var svært uvanlig. De kunne være i trygghet et sted, jobbene var tross alt relatert til fiendens våpen. Georg ble med inn der jeg dro ut skuffen i nattbordet. Der lå klypene, gaffateipen og tauene. Han tittet oppi og smilte først, men så rynket han brynene. Jeg gjemte ansiktet i sengeteppet. «Beklager», hvisket han og la hendene på skuldrene mine.

«Khrysta!» ropte jeg høyt i trappegangen. Nabokona i leiligheten under åpnet og hysjet. Håret var oljete og blusen full av matflekker. «Vet du noe om paret med den lille gutten?» spurte jeg og pekte mot døra deres. Blikket virret. «Er mannen din sendt for å kjempe?» spurte jeg og endelig så hun rett på meg. Øynene var fortvilede. «Lei for det», sa jeg og la til: «Er på desperat jakt etter datteren min.» Uttrykket forble uendret.

Er du i sikkerhet? sendte jeg via Messenger til Jelena. *Ring, det haster!* Ved barnesenga ble jeg stående og snuse inn lukten. Georg nikket mot brystene mine der våte flekker spredte seg. «Forstår ikke at naboparet har dratt», sa jeg og lente panna mot veggen. «Pleier å si ifra.» «Skal jeg høre med Anton og gjengen?» spurte Georg. «De kan sikkert få oss inn.» Jeg gren på nesa og la dopapir i BH-en. «Han kan være hvor som helst, kan ha stukket til Odesa også, til gården til foreldrene.» Jeg begynte på en melding. *Setter meg ikke imot at du har henne, men vil se at hun har det bra.* Ingen svar. «Vil du skrive at vi reiser fra byen?» spurte han. Jeg ristet på hodet. «Vil ikke gi Rusa argumentet, i tilfelle rettssak.» Til slutt skrev jeg: *Bor i en trygg leilighet i Kyiv, vil gjerne at vi møtes, husk at jeg er maten.* Så kjørte vi derfra, men snek oss tilbake fra en annen kant og satte oss på trappa i etasjen under. Fortsatt mente jeg å høre lyder, kanskje også små host, men ingen kom ut derfra.

Før vi dro, dunket jeg på alle dørene i blokka. Bare ungdommen og den eldre damen lukket opp. «Så han med henne på armen i morges», sa unggutten. «Helt sikker, er jo så sjeldent!» Jeg ba ham passe på seg selv. «Fint å se deg uskadd», la jeg til. «Si ifra om du trenger hjelp», sa den eldre damen, og la til: «Vi er på din side.» *Slutt å plag oss,* skrev jeg på Telegram. Om Jaroslav var tatt, var det ikke ham. Men kanskje Yurij? *Datteren min er fortsatt borte,* tastet jeg. *I himmelens navn!* kom tilbake.

De neste timene dro vi rundt til steder hvor jeg trodde de kunne være, til jobben hans og til kameratene. Med alle kontrollpostene tok det tid. Vi var innom lesesalen og stedene jeg visste han pleide å gå. Men ingen Rusa, og ingen andre enn ungdommen i blokka hadde sett dem de siste dagene. «Hva kommer du til å gjøre framover?» spurte jeg da vi var tilbake i vaktbua. «Får vel et oppdrag», svarte Georg og trakk på skuldrene. «Foreløpig kan jeg bli.» Han fant øl i kjøleskapet. «Om det er greit for deg», la han til. Jeg satte meg på gulvteppet og la hodet i hendene. «Skader nok ikke sitt eget barn», trøstet han, men skuldrene mine ristet.

Flere TV-stasjoner viste videoer fra Facebook og YouTube. «Krigen skjer virkelig», hvisket jeg mens Georg zappet fra kanal til kanal. Igjen og igjen kom bildene av tanksen vi hadde sprengt. Fire russere var døde. Jeg gjemte ansiktet i hendene. Kolonnen med militære kjøretøy hadde vokst til sekstifire kilometer. Georgs øyne ble trill runde. «Herregud, de kjører langs veiene!» Jeg orket ikke se mer og fortet meg til toalettet. Med kolonnen var det bare et tidsspørsmål før Kyivs gater var fulle av marsjerende soldater. I dusjen kom rikelig med varmt vann, men uten Khrysta nøt jeg ingenting. Georg stakk hodet inn mens jeg romsterte etter håndkle. «Var han voldelig i senga også?» Jeg lente meg mot vasken, visste ikke hva som var riktig svar. «Skadet han deg?» Automatisk gned jeg håndleddene. Han holdt meg som jeg var et barn. «Forsto ikke», hvisket han.

Idet jeg skulle åpne dusjdørene, lød en melding fra boksen over speilet. Jeg ble stående naken med høyrefoten hevet. Matleveranser. Magen lagde umiddelbart rumlelyder, og jeg kom meg i klærne. Å ta imot mat og besøkende ved døra, skulle jeg klare. Men om Zelenskyj hadde rett i at han var mål nummer en, og familien mål nummer to, kunne ting bli farlig. Selv om jeg forsøkte å tro at datteren min var trygg, slappet jeg ikke av. En løpetur hadde vært medisin for anspenthet før, men nå var følelsen mangedoblet – og konstant. Nakken og skuldrene verket, jeg måtte få henne tilbake.

«Soldater må hvile når de kan», minnet Georg om etterpå. Bekymringene for mamma skjøv jeg unna; måtte stole på samholdet i landsbyen. Tankene på Polan og Jaroslav lurte også i bakhodet mens jeg forsøkte å klemme ut melken som presset på. «Bare kaldtvann igjen», innrømmet jeg. «Varmer oss på denne», sa han og helte rødt i to vannglass. Jeg hadde ikke smakt vin siden jeg begynte å amme, men det fristet ikke. Ønsket bare å ringe politiet og få sove. «Klarer ikke før hun er tilbake», sa jeg. Igjen ringte jeg 102, men la telefonen fra meg. Anmeldte jeg, var det ingen vei tilbake, det ble som å sprenge en bro – Rusa ville aldri tilgi. Resten av livet ville han gjøre livet surt for meg. Så lukket jeg øynene og kom på hva Polan hadde bedt meg om.

Politiet fikk detaljert informasjon. Datoene for når Rusa hadde slått, satt som spikret. Syv tilfeller, inkludert da jeg var høygravid. Nevnte ingenting av det som hadde foregått i senga. «Kom tilbake for å signere og få kopi», sa damen og la til: «Kun du har tilgang til rapporten.» Jeg hvisket en takk. I en psykologibok på universitetets bibliotek hadde jeg lest at de som var i et forhold med en person med sado-masochistiske tendenser, som regel ikke led, men kunne gå lei; da hadde det vel ingenting i en politirapport å gjøre.

Fra menneskene vegg i vegg hørte vi små dunk som om noen lekte, men sjelden ante vi stemmer. Georg skrudde calling-anlegget ned til et minimum, og jeg begynte så smått å se frem til en rolig natt. «I morgen henter vi henne», sa Georg, og så ble vi anropt over callingen. Tid for omvisning. Motløs slepte jeg meg av gårde. Ektefellen og barna til presidenten vinket fra kjøkkenbordet da vi kom forbi, kona var lett å kjenne igjen fra bildene i mediene. Hun var nydelig, også uten sminke. Jenta måtte være sent i tenårene og gutten en del yngre. Hverdagssituasjonen med småprat rundt bordet traff meg – jeg savnet henne inderlig.

Vi subbet i leker og klær. «Krigere de også», mumlet Georg mens vi vandret rundt i den store leiligheten. Et av rommene var et kontor med mørke møbler. Jeg så for meg Zelenskyj lage videoer der inne. Georg viste skjermen på mobilen sin. «Sterke internettsignaler.» Et rom innerst var merket *tilfluktsrom*, og utenfor ble vi vist rømningsveiene. Bilene som sto parkert, hadde flere fluktmuligheter. «Her er kontrakten», sa Anton og la et ark på kjøkkenbenken. «Signer i løpet av kvelden.» «Kan Georg bli?» spurte jeg. «De ønsker en kvinne, en som deg», var svaret. «Vil ikke presidenten ha en mann så tett på førstedamen?» foreslo jeg. «Men et par, går vel bra?» Anton pustet oppgitt. «Forholder meg til ordre, og nå kommer de fra flere hold.»

Da jeg hadde lest kontrakten, var jeg sikker på at de forventet en livvakt, ikke en barnevakt. Lønna var god og langt høyere enn kontorjobben. «Still med ladd våpen uansett hvem som er meldt», instruerte Anton. Georg fulgte med. «De som blir sluppet ned hit, har alt vært gjennom to kontrollposter.» Han flyttet blikket til Georg. «Forbered deg på å reise.»

Matt slengte jeg meg i toseteren. *Håper dere er i sikkerhet,* sendte jeg til Rusa. Han strevde nok med å organisere livet rundt datteren vår. Vi hørte fortsatt vaktfolkene prate, det ble varslet om mistenkelige biler og småting, som at en kar ba en annen om å kjøpe røyk. «Meldingene blir redusert til et minimum nattestid», sa Anton da han var innom igjen. «Tror du Zelenskyj kommer?» spurte jeg.

Han lo og sa vi fikk holde øyne og ører åpne. Georg slo på TV-en, og vi klemte oss sammen i toseteren. Til min overraskelse sto TV-tårnet fortsatt.

«Kirkebyen», sa Georg og pekte. «Fy faen», kom det da det ble meldt at så mange som 70 ukrainere var tatt livet av i kampene i nord. Omfanget var vanskelig å ta inn, hos russerne var det også mange døde. Nå var de på vei fra flyplassen utenfor Kherson i sør og nærmet seg sentrum. Fem jagerfly og ett helikopter var skutt ned. En lammende følelse var i brystet. «Dårlig?» kom fra Georg. Jeg viftet med hånda, og strakte meg – hadde nok med å ta inn nyhetene.

Militærkolonnen like utenfor Kyiv hadde hatt svak fremdrift. «Herregud, så flaut», kommenterte Georg. «En skulle tro invasjonen var ren impuls», sa jeg. «Hørte du at de skulle fjerne visumkravet for utlendinger som ville kjempe?» Jeg nikket og forsto ikke først at han tenkte på seg selv. Samtidig hørte vi at 37 000 hadde vervet seg i Ukraina, og at USA lovet flere sanksjoner og mer våpen. Australia skulle sende militært utstyr verd 45 millioner US dollar. Han rusket meg i hestehalen. «Blir du ikke rørt av all hjelpen?» Jeg slo meg oppgitt i panna. «Krigen kan vare i all evighet, sanksjoner virker aldri! Dette vet vi.»

«Belarus har styrker i Ukraina», hevdet Kaja Kallas, statsministeren i Estland. «Stemmer det?» spurte jeg og rette meg. Han la en arm over skulderen min. «Eneste jeg har hørt om, er de som slåss med dere, og at en hackergruppe skaper trøbbel for jernbanen der.» Seth Jones, visepresident ved Center for Strategic and International Studies, hevdet Russland ikke hadde satt inn nok styrker til å erobre og holde hele landet. Georg smilte hånlig. Det ble sagt at russiske soldater ikke var særlig informerte. Jeg strøk ham langs kinnet med et flir. «Må ringe mamma», sa jeg så. «Kom deg heller i seng – du har opplevd mye», minnet han om. Jeg gjorde som han sa. Utsatte gjerne praten, for jeg grudde til å fortelle om kontoen.

På mobilen ventet nye meldinger, og jeg innså at jeg måtte tømme brystene før jeg fikk sove. *Trodde du var i sikkerhet, men det er du ikke!* Jeg ble irritert og skrev: *Hvem er du? Eneste jeg bryr meg om er datteren min!* Samtidig grep en uro meg. Visste vedkommende fortsatt hvor jeg var? Mens jeg sto på badet, hørte jeg FNs høykommissær for flyktninger si at over 660 000 hadde forlatt landet. Jeg håpet det gjaldt Polan og Jaroslav også. Etter å ha klemt ut melk, kunne jeg endelig krype under dyna. Georg slengte seg ned ved siden av meg. «Som å sveve», ropte han og slo ut med armene. «Mangler vi bare tulla di.» «Russland vil fortsette offensiven til alle mål er nådd», uttalte forsvarsminister Sergej Sjojgu. Så stilnet TV-en, og jeg tvang meg til å se for meg Khrysta sovende i senga si.

Onsdag 2. mars

I syv-tiden kom meldingen over kommunikasjonssystemet: «Frokosten er på vei.» Jeg spratt opp og mens jeg kledde meg, strømmet meldingene om mistenkelige forbipasserende og advarsler om skåldende varm kaffe. «Missilet som traff TV-tårnet, kostet fem mennesker livet», sa en nyhetsoppleser. Overraskelsessangrepet på leiren ble ikke nevnt spesifikt, men myndighetene advarte mot å bevege seg i parkene.

«Må hjem», sa jeg og Georg nikket. «Beinet virker bedre», bemerket jeg før han sank i en dyp knebøy som fikk meg til å gispe. Dørklokka kimte. Jeg grep automatvåpenet og stirret i kikkhullet. Etter å ha avventet noen sekunder, løftet fyren to hvite esker og et ID-kort. Jeg tok sjansen på å fjerne sikkerhetslenken og skrudde opp låsene. Lukten av ferske bakevarer slo imot meg. «Morgenleveransen», sa den unge mannen og ville ha underskrift. Først trodde jeg han var alene, men kvapp. En kar kom gående fra en parkert kassebil.

Gutten åpnet da jeg banket på hos familien. «Mat?» spurte han uten tegn til sjenanse. Jeg ga ham den største esken, og han bukket idet han forsvant. Måtte være rundt ti. Innenfra hørte jeg moren si ett eller annet rosende uten at jeg oppfattet hva. Georg overtok esken før han satte den fra seg. En klump av fortvilelse sprengte på. «Khrysta», sa jeg bare. Savnet var overveldende, den myke huden og måten hun la armene rundt halsen min; jeg måtte vite at hun ble tatt godt vare på. Hvordan skulle hun ellers komme gjennom krigen uten varige mén? Rusa kunne umulig være god for henne. Georg dro hodet mitt inntil seg. «Skal bli trygg som gutten der inne», mumlet jeg mot genseren.

Fra TV-en hørte vi myndighetene be russiske mødre hente soldatsønnene sine – jeg oppfattet komikken i alt det tragiske. «Ville moren din ha kommet?» spurte jeg og tørket øynene med håndbaken. «Stakkars foreldre», kommenterte han og skar en grimase. «De færreste får det vel med seg, uavhengige medier stenges.» Mens nyhetene rullet, spiste vi rett fra esken. «Lenge på øvelse?» spurte jeg mellom munnfullene. Han nikket. «Siden midten av januar.» Olaf Scholz krevde umiddelbar stans i blodsutgytelsene. «Ikke førstemann, og hjelper ikke», kommenterte jeg. Georg forsøkte å få kaffetrakteren til å virke. «Bomber jo skoler og sykehus!» Han slo neven i kjøkkenbenken så de to glassene våre knuste mot gulvet.

«Hvor er Borodyanka?» ropte han da jeg igjen var på badet for å få ut melk. «Om lag en times kjøring nord-øst for Kyiv, dobbelt så langt som til Hostomel. Hvordan det?» Han fortalte om boligblokka som delvis hadde kollapset etter angrepet, og jeg kom på at foreldrene til ungdommen skulle dit. «Utrolig at du kom deg så langt som til leiren», svarte jeg med puppen over vasken. «Krøp gjennom skogen, før jeg skremte vettet av ekteparet i hagen deres», forklarte han. «Måtte binde dem.» «Husker du adressen?» spurte jeg idet han subbet blek inn på badet. Han ristet på hodet.

«Melder Polan og Jaroslav savnet», sa jeg. «Bra», kom det. «Facebook og Telegram har også grupper for sånt», opplyste jeg, «men det er vel ikke lurt.» «Nei», svarte han kontant mens han la de største glasskårene i hånda si. «Flertall i Finland for å bli med i NATO», leste jeg og tenkte på hvordan vi kunne få Khrysta tilbake. «Putin får alt han ikke vil ha», sa han og satte to kopper kaffe på det lille sofabordet «Et kors?» undret jeg og studerte glasuren på croissantene. Jeg snudde dem så flakene drysset. Melisen lå i sikksakk, som en Z. Jeg spyttet og røsket til meg callingen.

«Var de to som kom med maten?» spurte jeg raskt. «Stemmer», var svaret. Jeg kalte på dem igjen. «Spaserte de?» Georg snuste på baksten. «Kom gående – gjør alltid det», svarte samme mannsstemme. Jeg småløp til gangen for å se i kikkhullet – kassebilen som den ene frokostfyren hadde kommet gående fra – sto fremdeles parkert. Alle låsene måtte opp. Jeg dro med meg dørmatta så jeg kunne undersøke bilen. Bak venstre forhjul var en firkantet boks festet med strips, men uten skittlaget som dekket resten av understellet. «Få familien innerst», ropte jeg til Georg som sto i døra, før jeg kom meg opp. Han grep pistolen og dundret på døra til familien. Sekunder senere kom beskjeden fra en fyr som røsket ytterdøra åpen. «Ut, alle!»

«Få opp farten», brummet sjåføren i van-en som kom farende. Han skulte på Georg da vi hoppet inn. «Er familien i tilfluktsrommet?» «Ja!» svarte vi i kor. «Vi må i sikkerhet!» Men idet han tråkket på gassen, kom smellet, og alle ble slengt framover.

Bilalarmene ulte i kor. Etter noen fortumlede sekunder dro noen meg i armen. Foran meg hang sjåføren med hodet over rattet. Røyk og støv fylte kupeen, men Georg fikk meg ut. Vi hadde krasjlandet i veggen etter at bomben gikk av. Bremser hvinte bak oss, og familien kom seg inn i en svart SUV. «De klarte seg», hvisket Georg da de røde baklysene forsvant. Så følte vi oss fram til en åpning i veggen. Døra var blåst innover, og vi tråkket i et tykt lag mur- og metallbiter. Gangen ledet til en ny parkeringshall der vi ble vinket mot en ny, sort van.

«Åssen går det?» spurte jeg. To bekymrede øyne var ved siden av meg i baksetet. Så innså jeg at de speilte mitt eget uttrykk. «Hvor skal vi?» fikk jeg fram. Bilen hadde retning ut av byen. «Lviv», var svaret fra et av framsetene. Jeg fryktet at Georg ville bli mistenkt. «Kan ikke dra», tryglet jeg. «Må til datteren min.» «Lar seg ikke gjøre», sa mannen ved siden av sjåføren. «Eksmannen har barnet, han er voldelig», utbrøt Georg og fortalte om episoden i leiren. De mumlet seg imellom før de kalte opp Anton. Ingenting skjedde imidlertid, bilen for framover, så jeg bokset til slutt i seteryggene. «Han tok henne!» gjentok jeg. Georg grep hendene mine og ba meg slutte. «Sadisten er alene med babyen», overdrev han rolig. Jeg kastet meg i baksetet og hylte idet vi tok en skarp u-sving. «Ti minutter», ropte sjåføren, «såpass kan jeg kjøre inn.»

Vi ba dem vente på baksiden av blokka. «Hvordan gjør vi det?» hvisket Georg foran hovedinngangen. Blodet rant fremdeles fra leppa. Mobilen min pep. Fra den mystiske kom det: *Vær forsiktig - datteren din er hjemme med Rusa!* Jeg skvatt og viste den til Georg. Mr. Nord var underskriften. «Hvem?» spurte han, men jeg heiste bare på skuldrene. Ble jeg overvåket, burde jeg kvitte meg med mobilen.

«Får forsøke å overrumple ham», sa jeg og fant nøklene i jakkelomma. «Har forhåpentligvis ikke rukket å bytte lås», mumlet Georg. «Prøver å få ham med til kjøkkenet, så kan du hente henne fra senga.» Forsiktig tok jeg de siste trinnene og låste meg inn. Rusa satt på senga med Khrysta sovende ved siden av seg. Lettet så jeg at han beveget begge armene. «Vil bare se at hun har det bra», sa jeg og tok av jakka. «Mamma», kom klokkeklart og jeg for sammen, uforberedt på følelsene som strømmet. «Første gang», hvisket jeg og hengte jakka i skapet som jeg pleide. «Hun blir her», insisterte han og reiste seg.

«Skatten min», presset jeg fram mens hun strakte armene mot meg. Rusa ble oppmerksom på rosene som dannet seg på genseren der melken strålte fram. «Ser du», sa jeg, «her kommer maten.» Han snøftet, men holdt blikket på brystene. «Fortsatt vondt?» Jeg nikket mot den bandasjerte skulderen. «Du *anmeldte* meg!» ropte han og grep kalasjnikoven. «Savnet dere», prøvde jeg. «Har jævlig vondt», kom det. «Må gi mat», sa jeg, og tok henne opp og satte meg ved siden av ham på senga. Halsen ble flammende rød, og han strenet inn på toalettet – med våpenet.

Brått var han tilbake. «Gi meg henne!» Jeg dro Khrysta bort så hun satte i et skrik. Han gryntet oppgitt og labbet mot kjøkkenet. Sakte reiste jeg meg fra senga, men han kom styrtende. «Må på do», løy jeg. «Jeg tar over», befalte han. Jeg gjorde som han sa og lukket baderomsdøra bak meg. Derfra sendte jeg melding til Georg: *Vær klar.*

«Hvordan går det med familien?» spurte jeg etterpå. Han fortalte at brødrene hadde flyktet til sommerhuset i Bulgaria, de var innkalt til militærtjeneste. «Far nekter dem, mener det er selvmord.» «Beklager», sa jeg og forsøkte å legge an en medfølende mine. Han senket den friske skulderen. «Fått kjøpt bleier og grøt?» Han leet så vidt på hodet. «Skal jeg gå bort?» spurte jeg. «Kan ta henne så hun får frisk luft.» «Om du gjør det, skyter jeg!» Han tok ladegrep. «Skal ingen steder», løy jeg så rolig jeg klarte og holdt håndflatene mot ham. «Går selv», sa han plutselig og forsvant ut døra. «Hva faen?» ropte han fra trappegangen.

«Skyter!» hørte jeg Rusa gaule. «Stans!» ropte jeg i døråpningen. «Jeg blir her!» Rusa gikk baklengs oppover trappene med våpenet foran seg, mens Georg sto på trappesatsen med pistolen i hånda. «Blir hos henne», ropte jeg. Rusa holdt kalasjnikoven i skytestilling, og Georg rynket brynene. Så kom Polans ord til meg igjen: «Verd mer», og jeg husket hvordan Rusa pleide å pine meg foran Khrysta. Så styrtet jeg nedover mens jeg niholdt rundt bylten i armene. Georg fyrte av. «Aaaah», hvinte Rusa mens jeg løp.

Bak blokka var motoren alt i gang. Jeg rev opp døra og stupte inn med henne foran meg. Igjen kom skudd fra blokka. «Ring ambulanse», ropte jeg mens bilen skjøt fart. Khrystas tårer blandet seg med blodet fra et sår på kjaken og lagde en stri, rød strøm. «Nødnummeret», ropte jeg og tok motvillig øynene fra datteren min for å få fram mobilen. «Må av gårde», argumenterte sjåføren og tråkket på gassen. Han ved siden av sjåføren glante på meg. Ingen svar fra Georg. Jeg skulle til å be dem kjøre mot et sykehus, men så forsto jeg; hun hadde bare klort seg. «Må ha med Georg!» gjentok jeg. «Han gir dere informasjon, han er viktig.» De fortsatte bare framover. Sjåføren åpnet munnen igjen: «Sikkert en infiltratør. Russisk soldat, var han ikke?» Jeg bøyde meg fram. «Angir venner og sprenger tanks, og igjen risikerer han livet!»

«Hæ? Mener du han skal med?» Sjåføren snudde seg med en skeptisk mine. Mobilen var i hånda, og jeg ante Antons stemme. Georg ringte i det samme. «Møt meg på parkeringsplassen ved Kyrylivsky Hai, fikk sykkel av en ungdom.» Flere minutter gikk før han dukket opp, svett og andpusten – på min gamle damesykkel. «Skjøt han også?» spurte jeg. «Flere ganger», svarte Georg mellom tunge pust. En sykebil skrenset forbi oss med ulende sirener. Han lente hodet bakover, og da vi hadde kjørt et stykke, kom det: «En kar i første låste døra for oss, liknet en mumie, men nabogutten slapp meg inn til seg, så jeg klatret gjennom vinduet.»

Etter mange timer kom vi inn i et av Lvivs rikmannsstrøk, tilsynelatende et rolig område, bortsett fra alle veisperringene. Jeg hadde småpratet med Khrysta hele veien. «Mamma», kom stadig oftere, og det rørte noe i meg. Mennene i forsetet snakket om ny rekord på under syv timer, mens jeg hadde problemer med å ta øynene fra jenta mi. «Hold munn om at vi snudde», formante sjåføren. «Si vi plukket opp datteren din på veien.» Vi takket og spøkte med at det ikke var langt unna sannheten. De lo, og Khrysta late-lo med.

Familien skulle bo i en fireetasjers bygård med dekorlister rundt vinduene og smijernsbalkonger, mens Khrysta og jeg ble plassert i leiligheten tvers over gata. Georg måtte bli med til nye avhør. Jeg la meg på gulvet i gangen. Hodet kvernet rundt hvilken side Georg var på, og om Polan og Jaroslav var tatt. Bak lurte frykten for at Rusa skulle oppspore oss. Khrysta survet ved siden av meg på gulvet. Alt var blitt tøffere hjemme i øst, med flere overgrep og drap. Jeg håpet bare de på småbruket var trygge. *Kan du si meg hvem du er?* skrev jeg til den ukjente. Helt til ringeklokka kimte, stirret jeg i taket. Idet jeg grep dørhåndtaket, kom en forferdelig følelse av at et dødsbudskap ville nå meg.

Tre karer valset inn med bager i hver hånd. Anton, som hadde byttet ut den kamuflasjefargede uniformen med sorte klær, ble stående foran meg. «Her er posten», proklamerte han. Jeg fikk ikke sagt noe før han la til: «Greit her?» Han gliste med store mellomrom mellom tennene mens fingrene kom borti en av Khrystas votter. «Du fikk henne tilbake?» Jeg nikket nølende. «Egentlig er du nattevakt, men du blir her til det er klart over gata.» Han tok noen skritt inn på det orientalske teppet så jeg måtte vike. De tre andre var i ferd med å lempe våpen og ammunisjon ut på parketten. Jeg husket å ha trådt på et liknende gulv i herskapshuset der vi hadde danseskoleball da jeg gikk på barneskolen. Gulvbordene hadde også der ligget i et fiskebeinsmønster. Pappa hadde vært imot, mente villaen tilhørte mafiaen. «De bor i samme etasje», sa Anton og pekte gjennom panoramavinduet. Så trakk han de tykke, burgunderrøde fløyelsgardinene mot midten og sa: «Hold dere skjult.»

Likevel åpnet han verandadøra og ba meg bli med ut på den avrundede murbalkongen. Vinduene i gata hadde gardinene trukket for, og jeg så for meg rikfolk som var rømt, kanskje til kontakter i utlandet. Fra der vi sto, så jeg hektisk aktivitet i leiligheten på den andre siden. Men brått ble persiennene senket. «På tide», mumlet Anton. Khrysta begynte på en ny gråtekule idet de militære kjøretøyene dro. Fra den lettskyede himmelen var det som om jeg kunne høre raske, støyende fly.

Anton trakk de tykke gardinene fra så lyset strømmet da vi gikk inn. «Trygt her, få deg litt dagslys», sa han og forsvant. Khrysta hadde ålt seg mot kanten av dobbeltsenga, hun hikstet og var rød rundt øynene. «Trenger bleier og barneseng», ropte jeg ut soveromsvinduet. Anton viftet bare med armen. Mennene var fremdeles i leiligheten, men hadde flyttet seg til kjøkkenet. Skulle jeg fortsette å amme, måtte det snart komme mat. «Faen meg ufattelig», ropte en av mennene. De snakket om attentatet. «Jævla angiver», var en gjenganger. Jeg skuttet meg.

Khrysta lette seg fram til melken i en av de myke stolene, mens jeg lot fingertuppene gli over det lakkerte armlenet. Boligen var av det klassiske slaget med høyde under taket og møbler i lyst tre. Khrysta svelget raskt unna. Fra vinduet kom en svak strime av kveldssol og varmet ørlite. Etter at hun sovnet, bar jeg henne inn i dobbeltsenga og bygde godt med puter rundt henne. Sykdommen virket til å være på retur.

Fra stua var det inngang til soverommet og derfra var det dør til badet. Ellers besto leiligheten av en gang med et toalett og kjøkken. Spisebordet var fullt av våpen og sofaene neddynget av ammunisjon. En dyr og uåpnet parfyme var igjen på badet, men ingen tannbørster. Skittentøyskurven var også tømt. Russiske romaner og fotografier sto i hyllene, og alt var så ordentlig at boligen meste av alt liknet en utstilling.

Dørklokka runget, og Khrysta ble urolig. En av dem som hadde båret våpen og ammunisjon, gikk for å åpne. «Kan dere ikke banke forsiktig», ropte jeg og oppdaget

Georg som tittet frem bak Anton. Igjen vek jeg til siden. Georg blunket idet han passerte meg. I stua kikket Anton granskende på ham. «Er du skarpskytter?» Han vagget på hodet, hadde nok ikke lyst til å snakke russisk med fremmede til stede. «Godt», svarte Anton og sa at han kunne avløse oss andre. Vi fikk en skiftordning oss imellom inntil jeg skulle starte som vakt over gata.

«Ingen går inn på den andre siden uten at dere melder fra», formante Anton, og la til: «Etter hvert vil dere kjenne igjen vaktmannskapene.» Anton så på Georg. «Du starter her, men det dannes en russisk bataljon så om du vil kjempe ved fronten, kan du søke deg dit.» Georg heiste på øyenbrynene og flyttet blikket mot meg. «Om noen klatrer oppetter veggene, så fyr løs», var beskjeden før han la en mobiltelefon i hånda mi og oppga koden. «Utstyret til barnet må *du* ordne, foreløpig er det rolig selv om flyalarmen stadig uler.»

Georg slo på den store TV-en så snart Anton var ute av huset. Så stilte han seg ved vinduet med geværet over skulderen. Jeg klemte ham. «Russisk bataljon?» Han kysset meg lett på hodet. «Finnes en del militante folk i Russland, folk som vil kjempe mot regimet; de kan bli skumle den dagen krigen tar slutt.» Jeg sa meg enig og la til: «De får kamperfaring.» Han klappet meg på rompa. «Ta deg fri nå, så følger jeg med.» Behovet for bleier var akutt. Jeg måtte ut.

Ved kontrollpostene viste jeg ID-kortet, og heldigvis hadde jeg fremdeles også debetkortet. Khrysta ble tung når det dannet seg kø, og etter en halv time på leting etter en butikk hvor de solgte babyutstyr, var jeg rimelig utkjørt. Men så gikk flyalarmen, og vi løp sammen med folk fra gata inn i et stort murhus. Foran vinduene på bakkeplan var det stabler av hvite sandsekker. En dame tråkket meg på hælen i kjellertrappa, og jeg hylte av skrekk. «Beklager», ropte hun. Nede i mørket summet praten, alle stolene var opptatt, men det fantes bøtter med vann.

Omsider kom jeg på Nathalia. «Er i Lviv på gjennomreise», løy jeg da jeg fikk henne på øret. Hun sa hun var i bomberommet under kirken, men vurderte å dra. «Hater krigen, dessuten går mamma meg på nervene.» Hun fortalte om et handlesenter som lå noen kvartaler unna. «Sett deg», kom fra en ung jente som nappet meg i jakka. Like etter at faren over-signalet lød, ble vi imidlertid avbrutt av enda en flyalarm. En ny gruppe mennesker stimlet sammen.

Endelig ute av den samme, mørke kjelleren stengte senteret om få minutter. På veien dit kom jeg forbi en bank og måtte velge; ettersom barnevogn ikke var kritisk, valgte jeg banken. Jeg oppga nummeret og forventet å høre at pengene var frosset, men hun overrasket meg. «Tomt?» utbrøt jeg. Hun trykket igjen på tastene. «Ble overført til en annen konto for et par dager siden.» «Av hvem?» ropte jeg. «Av en med disposisjonsrett, men jeg har ikke lov til å fortelle hvem før du legitimerer deg.» Tafatt rettet jeg blikket mot den ryddige disken. Rett før jeg skulle til å snu meg, sa hun: «Med mindre du sier rett navn, som jeg kan bekrefte.» Verken navnet til mamma eller noen av besteforeldrene mine, matchet. Heller ikke onkel var den som hadde tatt pengene. Khrysta ble utålmodig og ryggen verket. Jeg ramset opp navnet på alle søskenbarna mine, men damen ristet beklagende på hodet. «Har du ID-kort?» ropte hun mot ryggen min, men jeg visste at det ikke ville nytte. Jeg var blakk og burde konfrontert Georg angående sedlene. Slukøret gikk jeg derfra.

Morgenkåpen fra badet, slang rundt meg. Måtte ha gått ned flere kilo. Mennene var dratt, men Georg speidet mot gata. Kroppen verket av all bæringen. Jeg ba om massasje og samtidig kom meldinger om kraftige luftangrep på Zhytomyr. «Der vi passerte i går!» skrek Georg. Stadig kom angrepene nærmere Lviv. Så mange som ti boligblokker og et sykehus var skadet. «Sykehus», gjentok Georg og ba meg komme ved siden av ham. Minst to personer var drept. «Går dere bevisst etter sivile mål?» ropte jeg. Og som om det ble slått fast, var neste innslag at minst 136 mennesker, inkludert 13 barn, var døde de seks siste døgnene. Tallene var fra FN. Bryskt begynte han å kna skuldrene mine.

Kvinnen som holdt til i leiligheten, var minst fire størrelser større enn meg, men noen sammenbrettede stretch-bukser lå i skapet. En strikkagenser egnet seg som en type oversized. «Russland ønsker å utslette Ukraina», uttalte Zelenskyj i en videotale. De hadde tatt over sentrale deler av Kherson i sør. «Kanskje sitter han over gata», ropte jeg fra gangen. «Skal visst dukke opp hvert øyeblikk», opplyste Georg. Jeg kom meg til stua og pekte på TV-skjermen. «Han?» «Jepp», kom det.

Presidenten hadde mer på hjertet. «Russerne har fått ordre om å utslette vår historie, utslette landet – utslette oss alle.» «Tror du på det?» spurte jeg. «Dessverre», var svaret. «Nazismen blir født i stillhet», fortsatte presidenten. Så kom nyheten som fikk Georg til å titte fram fra gardinstoffene. «Nær 6 000 russiske soldater er drept, og 30 kampfly er skutt ned samt enda flere helikoptre.» «Kan ta tid», hvisket jeg og gjemte hodet i klesbylten jeg hadde funnet fram til Georg. Under hvilke forhold skulle Khrysta vokse opp? Tilstander lik Øst-Ukraina? Eller verre?

«Er det mer kaffe?» spurte Georg. Jeg gikk på kjøkkenet og håpet i det lengste at jeg slapp å ha vakt, hodet og magen verket. Et fullt honningsglass sto igjen i skapet. Jeg smurte tykt over noen kjeks, og kom på hvor lite jeg visste om ham. Beboerne hadde glemt å tømme søpla under benken, og rotter hadde forsynt seg grovt. En hadde klatret til en dunk som nå var tom, paddeflat lå den på bunnen. Den søtlige stanken blandet seg med lukten av honning, og jeg brakk meg.

Banken, kom jeg på; måtte ringe i åpningstiden, dessuten få kredittkortet sperret. Mannen ga meg samme beskjed: «Kan ikke si hvem som tok pengene med mindre du sier rett navn.» «Herregud, jeg er snart blakk», sa jeg. Tante sitt navn matchet ikke, heller ikke de med penger i landsbyen. «En ting skal jeg si deg, selv om jeg ikke har lov, for du burde legitimere deg, men et nytt kredittkort ble også tappet til grensen.» «Hva?» ropte jeg. «Søk om å få gjelda slettet, dersom det ikke var deg, og kom innom med ID-kort!» Jeg ble stående med gjenknepede øyne en lang stund.

Fra stua kom en oppramsing av hva de ukrainske styrkene hadde uskadeliggjort, blant annet 211 stridsvogner. «Husker du hvor mange dere hadde?» sa jeg. «Ah, et hav igjen!» Mens jeg balanserte kjeks og kaffe mot stua, hørte jeg den russiske opposisjonslederen, Navalnyj, oppfordre russere til å demonstrere klokka syv på hverdager og klokka to i helgene. «Mer av det», sa jeg. «Hm», kom fra Georg. «Blir jo bare arrestert, kanskje mishandlet og havner på listene hos sikkerhetstjenesten.» «Vet», sa jeg, «men ikke om alle som er imot krigen går samlet mot Kreml.» «Blir et blodbad», mente han.

Motordur hørtes fra gata. «De er her», sa han og firte geværet fra skulderen. Jeg grep et automatvåpen som sto klart ved sofaen. En kortesje av sorte biler og militære kjøretøy svingte inn i gata. Jeg styrtet mot soverommet for å få bedre oversikt. Først hoppet bevæpnede soldater ut, og med ett fikk jeg øye på presidenten, litt lavere enn de andre. Jeg førte løpet gjennom vindusåpningen. «Ser ham», sa jeg halvhøyt så Khrysta ikke skulle våkne. Han beveget seg bortover fortauet i mengden av grønnkledte. Den skuddsikre vesten var på, men ingen hjelm. «Sikter du på ham?» spurte jeg da jeg kom til stua. Georg hadde lagt kinnet mot geværkolben. «Idioten fra i går, han som kjørte i veggen.»

Eksplosjonen fikk leiligheten til å riste. Bildene raste i gulvet og Khrysta hylskrek fra soverommet. Jeg bar henne i dyna til badekaret og lukket døra. Så grep jeg våpenet og huket meg ned foran det åpne soveromsvinduet. «Så du hva som skjedde?» ropte jeg. Ingen beveget seg i gata. «Granat», kom fra stua. «Muligens fra taket, må ha vært flere.» Ved bilene flokket folk seg rundt han som lå nede. Jeg spurtet mot Georg. «Slipp meg ut», ba jeg og huket meg ned. «For farlig», ropte han og plasserte beinet i veien. Jeg insisterte og dyttet verandadøra åpen. «Faens dust», snerret han.

Personen ble båret inn, og soldatene løp i alle retninger. Jeg holdt blikket mot takene. Grønne gardiner blafret ut av vinduet i fjerde etasje i gården ved siden av presidentfamilien. Noe liknet fingre ved vinduskarmen, og jeg rettet siktet dit. En gjenstand stakk ut og jeg rakk å tenke geværløp, før en serie skudd traff panoramavinduet bak meg. Store glassbiter braste i balkonggulvet, og jeg trakk av. Vinduet over gata sprang i filler, og gardinene føk i alle retninger. Omtrent samtidig kom skudd tilbake og biter av mur løsnet foran meg. Så fyrte jeg av en salve langs hele vindusrekka i det jeg antok var en og samme leilighet, samtlige gardiner var like, og nå eksploderte alt.

Georg forble innendørs. Jeg holdt pusten og ventet på gjengjeldelsen. Men hvorfor skjøt ikke Georg? Ansiktet til politimannen hjemme i øst dukket opp, nesa var blodig og skjev. Var det feil å sikte på vinduene? Var fingrene bare en innbilning? Kom skuddene fra annet hold?

Hese stønn hørtes bak meg, og jeg innså hva som hadde skjedd. «Mann nede», ropte jeg og krabbet inn. Georg lå utstrakt på stuegulvet omkranset av glassbiter. Øynene var igjen, og et sår gapte over øret. Han løftet den ene armen, mens Khrysta beljet fra badet. «Ikke rør hodet», ba jeg og trykket hendene hans. Så løp jeg for å finne noe som kunne stanse blødningen. Parfymeflaska var det reneste jeg kom på. Datteren min kravlet rundt i badekaret og hadde funnet smokken. Flaska presset jeg mot såret mens han ynket seg. Så strammet jeg beltet til morgenkåpen rundt hodet. Soldater styrtet inn like etterpå, glass knaste under støvlene.

En av de fremmede var på tråden med hjelpemannskapene. «Send flere ambulanser», ropte han og oppga adressen. Stua ble fylt med folk, og endelig åpnet han øynene. Med Georgs hender i mine, hørte jeg Dmitrij Peskov si de ville klare seg, tross sanksjonene mot russiske banker. «Nazi-tryne», ropte en av soldatene. Jeg la kinnet mot Georg sitt. «Snart får du hjelp», hvisket jeg. På TV sa de at Russland hadde ødelagt hundrevis av boliger og sykehus. Mer enn to tusen sivile skulle være drept. Noe nederst i magen verket konstant. Jeg forventet å høre at presidenten var død, og kvelte et skrik.

«Vet ikke om såret skyldes kuler eller glass», forklarte jeg ambulansefolka da de endelig bøyde seg over ham. Mens de forsiktig fjernet beltet, la jeg meg inntil. Like etter måtte jeg gi slipp, båren ble fraktet bort. TV-en viste bilder av flyktende mennesker, og tallet nærmet seg en million. Jeg ble sittende sammenkrøpet på gulvet. *Vi burde ha dratt.*

En med gul vest tok hånda mi og førte meg til leiligheten over. De orientalske teppene var de samme, og en kvinnestemme forsøkte å lalle Khrysta i søvn. Flere spurte hvordan det gikk, men jeg orket ikke svare. Til slutt fikk jeg spørsmål om hva jeg het og hvor jeg bodde. «Slapp av», stønnet jeg. En dame ba meg ta en dusj, og på badet oppdaget jeg at kinnene var fulle av blod. Vannet ble tilpasset, og jeg ble dyttet inn i varmen. Hun som hjalp meg, brukte neglbørsten for å rengjøre sårene. «Dra til helvete!» ropte jeg da det gjorde som vondest. «Jeg er sykepleier», sa hun, som om det hjalp. Så ble jeg plastret og bandasjert.

Ute av dusjen med morgenkåpa så jeg en fyr som liknet presidenten i stua. Jeg gikk mot der han sto i prat med Anton. Da de snudde seg, la fyren de rue hendene rundt mine. Øynene var klare og huden i ansiktet hel. Håndkleet åpnet seg, og jeg var snar med å tulle det rundt meg igjen. Han lo. «Hun fikk sjokk», gliste sykepleieren og dro meg mot soverommet. «Dere avgjorde vår skjebne», sa han. Kort, men treffende. Så typisk.

Som jeg hadde sett av videoene hans, fantes det tristhet i øynene – selv når han smilte. Jeg lot meg lede inn i den store senga der pleieren trakk gardinene for. Hun som bar Khrysta, viste meg at hun sov. «Virkelig nydelig», sa hun betatt før jeg fikk beskjed om å legge meg. «Ta det rolig, vi ordner», insisterte sykepleieren, og overtok datteren min fra hun som liknet Olena Zelenska, presidentens kone og landets førstedame.

Da jeg våknet, så jeg rett mot fjeset til Polan, ikke Georg. «Er det speiderjenta?» spurte han. «Hvor var du?» fikk jeg fram og satte meg i senga. «Ble innhentet og tatt til fange», sa han og bøyde hodet. Jeg hvisket en beklagelse. «De lot oss gå til slutt, men fikk først vite i morges at dere var her.» Han nevnte ikke Jaroslav direkte, og jeg turte ikke spørre – men han forsto. «Snublet og kom seg ikke videre, gikk med brukket bein i flere kilometer.» Han lukket øynene. «Hørt fra Georg?»

Jeg ble forfjamset, og noe hogg i magen. «Vet ikke hva såret kom av», mumlet jeg. «Kan høre for deg», foreslo han, men før han rakk å reise seg, gled soveromsdøra opp og jeg gjenkjente pleiersken. «Hvordan går det med pasienten?» spurte hun blidt. «Pasienten?» sa jeg. «Var vel litt i ørska», forklarte hun. «Mulig», sa jeg lavt, for jeg husket ikke stort. Først nå oppdaget jeg sprinkelsenga langs veggen. «Alle på vår side overlevde», avslørte hun. «Og Georg er på bedringens vei.» Det varmet, og Polan ga meg en klem. «Samboeren din er snart på beina», forsikret hun, mens Polans blikk vek.

Leiligheten var full av CD-er. Jeg kunne velge og vrake blant russisk musikk, og valgte noe trist. Sjansen for at Georg var agent, virket langt større nå etter attentat nummer to, eller tre om jeg skulle regne med det som skjedde i leieren. Jakka som Yurij mente tilhørte en fallskjermjeger, kunne være nettopp det. Kanskje kom han fra Wagner-gruppen; de som var med i angrepet på Hostomel. Såret på kneet var heller ikke så dypt. Kanskje hadde han en langsiktig plan om å ta ut presidenten, jeg så jo selv at han siktet fra balkongen. Hadde han hjelp fra noen? Anton? Men om de begge var på feil side, hvorfor levde fortsatt Zelenskyj? Stolte de på at spesialsoldatene bak de grønne gardinene ville få oppdraget sitt utført?

Viseutenriksministeren uttalte at risikoen for sammenstøt med NATO økte når vi fikk mer våpen. Han hadde rett – jeg hadde vært imot leveransene fra starten. Ingen kunne vinne krigen, til det var tapene allerede for store på begge sider. Jeg søkte fram en ukrainsk TV-kanal. En gutt ble drept og to andre kritisk såret mens de spilte fotball i Mariupol. En granat var kastet mot dem. Jeg slo av TV-en. Drap på barn var ikke ukjent for meg. En skolevenninne ble truffet på huska en gang og døde på stedet – i skolegården. Fremdeles kunne jeg gjenkalle morens hvesende gråt.

Jeg ville ringe. Savnet Georg og var konstant nervøs. Men husket ikke nummeret til vakttelefonen hans og hadde plutselig glemt mamma sitt også. Georg var kanskje ingen selvmordsbomber, da ville han vel klart å hindre at vi rømte vaktbua før bomben sprang. Ute skumret det og var kaldere, men de uniformskledte holdt fremdeles stand utenfor presidentfamiliens bolig. Jeg lukket verandadøra. Igjen var jeg alene, som den første tiden i Kyiv. Rusa hadde dukket opp på en bar en kveld, og den vesle oppmerksomheten han ga, sugde jeg til meg. Jeg forbannet ham for å ha tømt kredittkortet, måtte samle energi for å få gjelda slettet.

Utenriksminister Kuleba var i mediene. «Frivillige fra 16 land har kommet, klare til å kjempe 'rygg mot rygg' med det ukrainske folket.» Antallet skulle være over 1 000. Jeg kunne se for meg kontrakter med ordene: *så lenge krigslovene varer*, som på min.

Gardinene var trukket for og leiligheten låst. Jeg fant ødelagte møbler og rengjøringsutstyr på boden som jeg samlet foran inngangsdøra i gangen. Så krøp jeg under pleddet igjen, bevæpnet med to massive kandelabre av stål før jeg grep vakttelefonen. Til slutt trykket jeg riktig på den enkle mobilen. «Er Khrysta frisk? Har du mat til henne?» Irritasjonen kom, og den overveldet meg. Khrysta, Khrysta, mamma snakket ikke om annet. Så kom noe som fikk magen til å verke enda mer; spørsmålene om kontoen. «Frosset som følge av sanksjonene», kom jeg på å si, «eller mangel på SWIFT-nummer, men nå må jeg løpe!» Orket ikke at hun bebreidet meg. Var det sant det bankmannen sa, hadde Rusa tømt kortet? Alt var min skyld, jeg hadde giftet meg med feil person, en voldsmann og en svindler.

Sykepleieren kom innom igjen, uten datteren min. «Vet du noe om attentatfolka?» spurte jeg. Hun sa vi kunne ringe sersjant Koval som var oppgitt som pårørende. «Pårørende?» utbrøt jeg og kjente at jeg fikk frysninger. Kunne *han* også være den som sendte meg meldinger? Da måtte han ha hatt meg på radaren før jeg kom til leiren. Var Georg satt ut av spill. «Funnet ut noe?» sa jeg da jeg fikk sykepleierens telefon. Anton var i den andre enden. «Ikke annet enn det vanlige», kom det. Så en pause. «Ikke første gang de prøver seg, har vært litt forskjellige typer, en av dem overlever muligens.» Mobilen glapp ut av hånda. Så hadde jeg altså tatt livet av enda en. Jeg kom meg til badet og satte meg på do. «Hva tenker du?» spurte sykepleieren da hun var utenfor døra. «Anton … han er skummel», sa jeg. Et sukk hørtes.

Jeg ble sittende med skjea i hånda. Kunne jeg stole på henne? Og var grøten trygg? For sikkerhets skyld kastet jeg den i søpla da hun forsvant. Burde ikke ha underskrevet kontrakten heller, skulle holdt fast ved pasifismen. Ingenting var verd så massiv dreping. Ville lest om Gandhi hadde jeg kunnet google. Pleieren hadde satt på en CD med Naadya. «Liker du elektroniske instrumenter?» hadde hun spurt. Jeg ble rastløs og satte meg på toalettet, men bare en dråpe kom ut. Så slo jeg av musikken og spaserte over gata, visste hvilke rom vaktmannskapene brukte. «Får jeg snart tilbake mobilen?» «Kan høre», svarte en ung kar og tok fram sin egen. «Litt forsinket, men den kommer», var svaret. Irritert trampet jeg opp til leiligheten og satte meg i sofaen med alt godteriet jeg kunne finne.

Roman Abramovitsj, oligarken som eide fotballklubben Chelsea, var Russlands rikeste, ble det sagt på nyhetene. Han ville selge klubben og gi pengene til krigsofrene. Hvordan ville livet vært med milliarder? Bildene flimret på skjermen, yachter skled forbi i eksotiske farvann. Jeg måtte på toalettet igjen, trodde jeg. Bare dråper kom og det sved som bare pokker. I speilet møtte jeg mitt eget tomme blikk.

Innholdet på mobilen fikk meg til å svette, jeg prøvde å tenke gjennom hva jeg hadde lagt ut på sosiale medier. De sjekket alt, sikkert også Messenger. Ville de oppdage kontoen i Bank Rossiya? Nummeret hadde jeg fått muntlig fra mamma, men kunne jeg knyttes til feil side? Mamma, som var russer, kunne lett havne på gal liste i landsbyen. Hjemme ba hun meg være taktisk: «Fortell at du elsker det russiske.» Jeg slo av TV-en. Mormor ville tilhørt Russland om hun fikk velge.

Jeg presset fram et smil mens jeg løftet Khrysta til leke-teppet. Sykepleieren hadde kommet tilbake med henne. Samtidig kom ilende smerter i underlivet. Kunne pleiersken, Anton og Georg være på samme lag? «Mamma», kom det før hun heiste seg på alle fire. «Herlige jenta mi», hvisket jeg og klemte henne – hun som hadde ligget så mye i posen. Sykepleieren skramlet med kasseroller på kjøkkenet og påsto at jeg måtte spise. «Så de tror ikke Georg har noe med attentatet å gjøre?» spurte jeg. «Mistenker du det?» Jeg svarte ikke. Khrysta trykket fingrene i grøten og skoggerlo. Det var lenge siden.

«En påkjenning for deg», sa sykepleieren da jeg pirket i kjøttpuddingen. «Dere avverget attentatet, du må være stolt og i morgen fortsetter forhandlingene.» Om det gikk så dårlig for russerne som våre myndigheter påsto, ville kanskje Putin fire på kravene. Men de hadde mange unge menn i Russland. *Veldig* mange. Kanskje så Kreml på det å vinne krigen, som et «numbers game» – kunsten var bare å ofre nok soldater. Jeg la meg på ryggen på gulvet. Magen verket stadig mer. «Kan være tøft å ta liv», kom det. Kvalmen var tilbake idet bildet av skuddene mot vinduet dukket opp. Jeg hadde bare plaffet i vei. De kunne vært noen jeg gikk i klassen til og som jeg hev stein med. Flere hadde fortsatt å kjempe. Jeg hadde kastet, men ikke ment å skade. Steinen hadde truffet nesa til politimannen jeg kjente fra landsbyen. Mamma hadde innprentet meg om at et liv var et liv, selv veps viftet hun ut i blomsterenga. Fra sykepleieren kom det: «De som døde, ønsket å ta livet av presidenten, de var spesialsoldater.»

«Soldat*er*?» gjentok jeg. «Siste av de to døde på sykehuset i dag», opplyste hun. «Sånn er jobben, og dere utførte.» Jeg rullet over på magen, måtte kaste opp – til sammen hadde jeg skutt og trolig drept, så mange som fire. «Vil du ikke legge deg litt?» spurte hun. Panna hvilte mot gulvteppet. «Glassmesteren er i ferd med å reparere vinduet i vaktleiligheten under», opplyste hun. Jeg ålte mot badet. «Klarer ikke flytte mer.» Kvalmen ga seg etter å ha spydd vann og slim, men igjen måtte jeg tisse. Var jeg gravid?

En svak svie kjentes mens jeg latet vannet. Tankene gikk til de hjemme i øst, og til Georg. Klokka var like over midnatt da jeg slo på TV-en. Ei flaske vin var gjemt på boden, og jeg brukte den til å fylle et krystallglass til randen. De hadde dratt meg med til avhør da steinen brakk nesa på kollegaen deres. Politimannen. Jeg hadde lekt med døtrene hans. Hvem skulle ta seg av Khrysta om de tok livet av meg? Balltreet burde vært hos meg, men det forsvant med eksplosjonen i garasjeanlegget. Helst ville jeg hatt et skytevåpen og aller helst rømme. Desertere. Men hva skulle vi leve av? Jeg trakk pleddet oppunder haka, hadde hørt at desertører kunne bli skutt under kampene.

Til Rusa skrev jeg: *Khrysta er i sikkerhet. Ikke prøv deg på noe, da anmelder jeg deg for kredittkortsvindel.* Idet jeg trykket send, fortalte ordfører Klitsjko om en rekke bombeangrep i Kyiv. Kampene raste i forstedene Bucha, Irpin og Hostomel. «Fienden prøver å bryte gjennom til hovedstaden, men det ukrainske forsvaret holder stand.» Hvor lenge kunne det vare med en 64 kilometer lang kolonne på vei? Da nyttet ikke et enkelt panservern i skogkanten.

Jeg kastet vinglasset i søpla, ville ikke ha på meg at jeg drakk. «Her er det ingen ukrainsk hær», sa borgermesteren i Kherson. Russerne hadde vært på kontoret hans. Han hadde bedt dem om å ikke skyte folk. Jeg slo av TV-en for å late vannet. Igjen sved det. Enda vondere nå. Kunne jeg ha fått urinveisinfeksjon? Husket mormor pleide å presse en form for sur juice når jeg hadde sittet for lenge i snøen. Jeg holdt på sølvhjertet til det ble samme temperatur som fingrene. Minnene fra da hun hadde gitt meg anhenget, fikk meg til å tute. Vi hadde stått i hagen, jeg med ny sommerkjole. «Falt i hodet mitt da jeg plukket blomster til bordet, og det er jo dagen din.» Hun blunket. «Ah», hadde jeg fått fram, for sølvhjertet var så vakkert sammen med kronbladene fra den dyprosa frøkenhatten. At det falt i hodet hennes, trodde jeg ikke på.

Torsdag 3. mars

Georg kom tilbake neste morgen med bandasje rundt hodet og hendene. Vi ble stående i gangen med armene rundt hverandre. Jeg klappet ham på baklomma. Mobiltelefonen. «Fikk den på sykehuset», fortalte han, og jeg fnøs. Anton hadde vel fikset det. «Fått fri noen dager», sa jeg. «Bra for deg», utbrøt han og gikk for å slå på TV-en. «Nyhetsdeprivert, fikk ikke bruke nettet», forklarte han mens Khrysta kravlet mot ham. «Å faen», kommenterte han. Bildene fra de utbombede bygningene i Mariupol rullet over skjermen.

«De er ikke krigere fra en stormakt, men forvirrede barn som blir brukt», uttalte Zelenskyj. Jeg dyttet Georg forsiktig i siden og smilte ertende. «Men du skulle sett», sa han og satte seg opp. «De var i sjokk, mange av dem under 20.» En million hadde flyktet. «En million», sa han mens han dyttet kyllingvinger i gapet med fingertuppene. En liten gutt trippet langs en vei mens han klamret seg til mammaen; hadde knapt lært å gå, og moren bar kun en liten veske. Gutten kunne ha vært Khrysta.

«Det verste kan ligge foran oss», sa den franske utenriksministeren. Jeg hm-et megetsigende. «Virkelig?» spurte Georg, «ingen tro på møtene?» Jeg ristet på hodet. «Vi krever våpenhvile og humanitære korridorer, mens Russland krever anerkjennelse av Krym, som deres. I tillegg skal okkuperte områder anerkjennes som uavhengige.» Jeg reiste meg. «Sånne krav er jo ikke mulige!» «Sint fordi jeg er russer?» spurte han og la panna mot låret mitt. «Russer selv», svarte jeg kort. «Holdt du med opprørerne?» «Støtter ikke Putins krig», svarte jeg og fulgte mønsteret i parketten med blikket. Utenriksministeren sa russerne antakelig ville gå inn for en beleiringstaktikk. «Kyiv blir det nye Leningrad», kastet jeg frem, men han himlet bare med øynene. «Vært i Kharkiv?» spurte jeg. «34 sivile er drept der siste døgnet.» Han trykket haka mot fjernkontrollen så bildene forsvant.

«Ringte hjem», sa han plutselig. «Hva sa de?» spurte jeg. «De gråt, glad jeg lever.» «Jeg òg», sa jeg og klappet toppen av hodet som stakk opp fra gasbindremsene. «Hørt noe om *min* telefon?» spurte jeg. «Trodde du hadde den», svarte han. Klumpen i magen vokste. «Kanskje tror de vi er skyldige», foreslo jeg. «I hva?» sa han. «Attentatene», forklarte jeg, og han lo. «Så lenge du ikke er en pro-russisk opprører, kommer den nok snart. Ellers er det vel bare å hente en ny i en av bygårdene her, de virker rimelig forlatte.» Han blunket og jeg liksom fiket til ham. «Åh», stønnet han i det samme og tok seg til hodet. «Se i jakka», ropte han da jeg lette etter smertestillende.

Odesa var på skjermen igjen – havnebyen der Rusa og jeg hadde tilbrakt sommerferiene. Vi hadde bodd i det ombygde hønsehuset på gården til foreldrene, samt vært noen dager i byleiligheten. En luksusferie. Nå forberedte russerne angrep med landgangsstyrker. Strendene der vi hadde smurt hverandre med solkrem, ble minelagte – i Svartehavet ventet 13 konvoier. Putin var som ulven som tok Bella, slukte byttet uten nåde. Jeg grøsset. Hva var poenget med å kjempe imot når så mange kom til å dø?

Jeg kastet tablettesken i sofaen og satte vannglasset på bordet. En ny melding på telefonen. *Dra til helvete. Du har ødelagt alt! Ingenting er igjen.* Jeg stirret før jeg viste fram meldingen. Var Rusa blitt gal? «Skal egentlig ikke se på skjerm», sa han og la armen over øynene. Jeg fikk låne mobilen hans. På Telegram hadde han som kalte seg mr.

Nord skrevet: *Jeg er ikke tilfreds! Du burde gjort noe annet.* «Anton?» sa jeg og gransket Georg, men ingen reaksjon kom.

Kontrastene var store på TV – fra de forskremte folka mellom utbombede boligblokker – til de pent pyntede EU-lederne i dress og drakter. Presidenten viste seg igjen, men han hadde hatt vett til å skifte. I militærgrønn genser lovet han: «Russlands skal få betale alt de har ødelagt, hvert hus, hver gate og hver by skal vi gjenreise – lær dere ordene oppreisning og erstatning.» Georg snudde seg og la armen om skuldrene mine. «Søteste pro-russer jeg har møtt», smilte han. «Hva om jeg faktisk *er* det?» utfordret jeg. «Da er du på rett sted, men du burde hatt en rifle», kom det. «Enig», svarte jeg. «Kanskje de tok våpnene fordi de mistenker deg for å være agent», foreslo jeg. «Ha!» sa han og reiste seg. Utgangsdøra smekket dempet igjen selv om han brukte krefter – rikfolk fikk visst ikke smelle ordentlig med dørene.

Etter et kvarter var han tilbake. Han snøftet og ble stående på stuegulvet. «De sier vi har fri.» Jeg nikket sakte. «Luhansk oblast? Var det der du var fra?» spurte han så. Jeg nikket igjen. «Får slå oss sammen, vi da.» Så var det som om han bestemte seg for at jeg ikke var en russisk agent, og kom ved siden av meg. Eller kanskje trodde han at jeg var det. Hvorfor skulle vi egentlig bry oss? Folk døde uansett som fluer – på begge sider. Ingen var vel mer verdifulle enn noen andre, og hva gjorde en president fra eller til? Sånne folk ble raskt erstattet.

«Takk», sa jeg. «For hva?» kom det. «For at du er her», svarte jeg. «Hvorfor?» «Vet ikke», sa jeg først, men la til: «Liker varmen din.» «Kan ikke *bare* være det; var mannen din en gjennomført kald fisk?» «Liker at du ser på meg», lo jeg. Han smilte. «Mer.» «At du spør og graver», sa jeg og kysset ham på bandasjen. «Bestevennen min», la jeg til, og han vendte seg bort.

Khrysta sov fortsatt. Jeg ble rastløs og gikk til kjøkkenet der jeg mistet kaffeposen så den sorte massen seg utover og blandet seg med bøsset på flisene. Jeg orket ikke ordne opp. Fra stua hørte jeg at den ukrainske oligarken Oleksandr Jaroslavskyj skulle selge yachten sin, verdt 50 millioner US dollar. «Vil hjelpe sin krigsherjede hjemby Kharkiv», *ble det sagt.* Jeg flyttet ammunisjonen som var hensatt i den ene sofaen, og så rundt meg. Datteren min burde bo i en leilighet som denne, føle seg bra, gå på skole og være lykkelig. Ikke streve på et falleferdig småbruk eller i en ettroms i en okkupert, krigsherjet by. Tankene svirret. Noe måtte gjøres. Vi var så nært presidenten, han som hadde all makt. Om jeg bare kunne få tilbake mobilen, skulle jeg ringt Polan. «Atomkraftverk, hva faen gjør vi der?» kom fra den andre sofaen. Minst ni personer var drept og fire såret etter angrep i Tsjernihiv. «Hvor ligger det?» spurte Georg. «Studerte dere ikke kartet?» Han knep igjen øynene. «En gammel by nordøst for Kyiv, mot grensen», forklarte jeg. Et dashboard-kamera hadde filmet luftangrepet. 22 innbyggere skulle være døde, 18 såret.

Kjøpesenteret i Mariupol ble vist igjen. En svart ruin, og jeg kjente meg knapt igjen. Normalt liv var borte; folk vandret rundt i gatene på leting etter vann og mat, samtidig risikerte de å bli skutt. Jeg gjemte ansiktet i sofaen, men en spiss tagg stakk haka. Da jeg dro den fra sofatrekket, bredte den seg ut, som om den hadde vinger. Et perfekt lite dun. En sofa som denne var mer enn det vi hadde hatt råd til på småbruket. Nærmest var en hjemmesnekret trebenk med skumgummimadrass som mamma hadde sydd trekk til. Jeg kunne se for meg Maxi gjemme seg under den. Savnet ham. Myk pels og våt snute, jeg pleide å ha ham i senga, selv om det var forbudt. Etter at pappa døde, så de mer gjennom fingrene med sånt. Katten Milli pleide å male ved føttene mine. Savnet dem alle, særlig pappa. Dunet ble tatt av lufttrykket og fløy. Jeg ville også sveve, løses fra kontrakten og alt det vanskelige – bli fri.

Zelenskyj advarte: «De baltiske landene er de neste om Ukraina faller.» Han la til: «Dialog er løsningen på krigen. Den eneste.» Jeg tvilte på at han mente det. Hadde han fått blod på tann? Fremgang på bakken kunne gi mersmak, en følelse av seier. Jeg fryktet det, fryktet optimismen hans. At den bar galt av sted og førte oss ut i et langvarig blodbad. Hvorfor så ikke han faren? Hvorfor så *ingen* den? Putin holdt også tale og kunngjorde en medalje til en fallen soldat som han hevdet hadde sprengt seg selv for å unngå å bli fanget. Jeg fnøs og Georg la seg ved siden av meg.

«Hvor ble det av kaffen?» kom han på og forsvant inn på kjøkkenet der han bannet og begynte å koste. Fra TV-en kom en melding om at den tsjetsjenske generalen Magomed Tushayev skulle ha blitt drept i kamper ved Antonov flyplassen. Han var tidligere anklaget for å ha tatt til fange, torturert og myrdet LHBT-folk. Jeg skulle til å spørre om Georg kjente ham, da jeg la merke til at kostelydene fra kjøkkenet opphørte. «Traff du ham?» ropte jeg, og kom på at *jeg* bokstavelig talt kunne ha truffet med kula i skogen utenfor Kyiv.

På kjøkkenet fortsatte han å koste selv om bandasjen gjorde det vanskelig. Han skakket på hodet. «Dagen da Polan og Jaroslav forsvant …», sa han mens jeg snudde meg mot stua. Hvor trygg var han nå?

Fredag 4. mars

Brystet snørte seg mens jeg løp i trappene. I vaktleiligheten holdt byggearbeidere på med reparasjoner. Tre ukjente røykte i stua. «Vet dere hvor Georg og Khrysta er?» ropte jeg og fikk låne vakttelefonen. Anton svarte med en gang: «Ute et ærend, handler øl og snus, uten babyen.» Jeg sank sammen og ble minnet om fortvilelsen da vi fant Bella spist i skogen – en grotesk handling jeg først ikke forsto.

«Kommer nok snart», sa han tungpustet i døra like etter. Så ringte jeg Rusa, men uten hell. Fortvilet satte jeg meg på huk med hodet i hendene. «Gir nok lyd», kom fra Anton. Jeg grep en tilfeldig jakke, men han holdt meg i armen. «De er snart tilbake», hørte jeg ham si før jeg ristet meg løs. «Stans, vi skyter», ropte en fyr fra siste kontrollpost. Anton gaula også noe. Opp og ned gatene sprintet jeg, kikket inn i biler og dro i tilfeldige dører. En Landcruiser kjørte snart opp ved siden av meg og bertet. «Beklager at jeg misforsto», låt det fra bak ruta som ble senket. Anton. Etter litt nøling satte jeg meg inn. «Kan du ta vanligste ruta ut av byen», spurte jeg og han svingte rundt. «I retning Kyiv», la jeg til. Jeg fryktet at Rusa hadde funnet oss og sendt inn folk.

Tiden gikk uten at vi så henne. Til slutt tok han en u-sving langt ute på landet. «Kan du kjøre mot sentralstasjonen», spurte jeg. «Der», ropte jeg da vi nærmet oss sentrum. Rusa trådte inn i en buss med Khrysta på armen. Bussen fikk opp farten, og vi la oss på hjul. «Herregud», ropte jeg av lettelse, men ante ikke hvordan jeg skulle få tak i henne. «Jeg som slapp ham inn.» «Hva sier du?» ropte jeg. «Kjenner Ruslan Sokolov fra før», bemerket han. «Og du låste ham inn?» Han ble stille, men så kom det: «Ville jo treffe datteren, og du sa han ga henne fra seg frivillig.» «Sender du meg hemmelige meldinger også?» ropte jeg, men han mønstret meg bare.

Endelig fikk jeg tak i Georg og ba han låne en bil. «Hjelper vel ikke å ringe politiet når det er felles barn», kom fra sjåførsiden. «Fikk du det ikke med deg?» spurte jeg. «Han angrep oss i leiren!» Anton himlet med øynene. Etter å ha kjørt et par minutter til, så vi Rusa hoppe av ved en holdeplass med datteren min i armene. Jeg huket meg ned. Han skrittet mot en park og en ung jente, som jeg gjenkjente som lillesøsteren hans med hvit topplue, kom dem i møte. Datteren min ble lagt i en blå dypvogn, og sammen strenet de videre inn blant trærne. «Vent her, så følger jeg forsiktig etter», foreslå Anton og dro ut nøklene. Rådløs ble jeg sittende.

Etter noen få minutter dukket Georg opp. «Hva skjer?» Leppa var full av snus. «Anton er etter dem», sa jeg og pekte. Georg ba to karer som hadde kommet sammen med ham, om å finne Anton. «Kom dere av gårde», ropte han. «Vær diskré, men ikke slipp dem av syne», ba jeg. Likevel skjedde nettopp det. I flere timer kjørte Georg og jeg rundt for å se om vi kunne få øye på dem igjen, hoppet inn og ut av togstasjoner, bussholdeplasser og mottakssentre for flyktninger, hoteller og alle tenkelige steder vi trodde de kunne være. Midt på dagen sendte Rusa et bilde av datteren vår som spiste grøt på fanget til søsteren. *Slapp av, hun vil være med pappaen og tanten sin, ikke midt i skuddlinjen.*

Omgivelsene på bildet liknet et spisested, folk satt tett. «Selvsagt har han ikke tenkt til å ta seg av henne», ropte jeg og slo knyttneven i dashbordet. «Søsteren måtte komme!» Georg forsøkte å roe meg. *Kom og besøk oss*, tastet jeg, men Rusa svarte ikke. *Hvorfor?* skrev jeg og sendte bildet videre til Anton og Nathalia. *Hun er også min*, skrev Rusa. «Noen må avgjøre foreldreretten», foreslo Georg. «Hva slags rett?» snerret jeg. Georg ristet på hodet og la inn en pris før han parkerte bilen i gata. En melding tikket inn. Nathalias far gjenkjente lokalet for nylig vervede soldater øst i byen. Jeg sendte et hjerte og tastet inn adressen. *Stikker dit og ser om jeg kan være til hjelp*, skrev hun.

Å gå inn uten å bli sett, ble vanskelig. Jeg løp tilbake til bilen og forklarte situasjonen for Georg. «Folk rett ved inngangsdøra», sa jeg og pekte. «Kan forsøke å få vogna ut», tilbød han. «Risikabelt, vi må kanskje vente til natten», sa jeg, men innså at datteren min trolig ville trilles til Rusas soverom.

I salen var lufta tett, men praten gikk livlig. Å nå vogna uten å bli gjenkjent, virket umulig. Vi stanset begge innenfor døra. Bestikk klirret mot porselen, men så begynte en dame å synge, og støyen stilnet. Raskt fikk hun oppmerksomhet. Nathalia. Stemmen var som jeg husket, ren og klar. Sangen om den røde krossveden var blitt populær og et symbol på motstandskampen. Etter hvert ble det allsang, og Rusa og søsteren hevet glassene. Jeg dukket og kom i skjul bak en gruppe som ventet på bord. Georg meldte: *Forsøker*. Etter å ha holdt pusten ved utgangsdøra, så jeg vogna bevege seg. Jeg dyttet døra framfor meg, og Georg styrtet ut. Raskt trillet vi mot bilen. «Få henne inn så gjemmer jeg vogna», ropte han. Khrysta gråt da jeg løftet henne.

Georg tittet fortvilet på meg fra bak rattet, mens jeg forsøkte å trøste. På vei mot leiligheten måtte vi fram med ID-kortene. «Kan ikke fortsette sånn», sa han idet vi parkerte. Jeg orket ikke bry meg, var så glad for datteren min som så ut til å roe seg. Da vi endelig var oppe i leiligheten, sendte Nathalia: *Et salig kaos, alle rom blir gjennomsøkte.* Samtidig ringte dørklokka. Med Khrysta i armene hørte jeg to uniformerte politibetjenter si de ville ha meg med til avhør. Jeg sto som naglet til gulvet. «Kan noen passe barnet?» spurte den fremste. Georg var bak meg og overtok Khrysta. Angsten vellet.

«Spennende fortid», kom fra den andre siden av bordet. Jeg forsøkte å svelge. «Fortell», oppfordret en med grå striper i skjegget. «Flyktet fra krig…», begynte jeg. «Vi skal lengre tilbake», avbrøt han. Jeg fortalte om moren min først, om småbruket og om besteforeldrene mine. Og så om far. «Hvem var han?» spurte jyplingen ved siden av. Sleiken var dratt bakover som hos en filmstjerne fra femtitallet. «Fagforeningsleder for gruvearbeiderne», sa jeg og trakk på skuldrene. «Tror du vet mer», sa den eldste med skjegg, «og vi har dårlig tid, vi har en krig å vinne.»

Da mormor kom med sølvanhenget på 13-årsdagen, hadde far sittet på hagebenken og stirret i luften. Han hadde skiftet til hvit skjorte etter å ha vært borte i flere timer på grunn av flystyrten i nærheten. Som alle andre, trodde jeg også at et ukrainsk kampfly var skutt ned. Mormors grå hårknute hadde dukket opp fra kjøkkenåkeren. «Kom dalende gjennom luften», påsto hun da hun rakte meg esken. Pappa hadde reist seg for å se. Jeg grep rundt hjertet. Først nå, åtte år senere, forsto jeg sammenhengen. Og også hvorfor det å flykte med Khrysta på fanget, ga meg sånt ubehag.

«Vann?» spurte den eldste og stirret på meg. Jeg nikket. Måtte tisse også, men ignorerte det. Den yngste gikk for å hente glass. «Han døde i massakren ved Ilovaisk», sa jeg og tok en slurk fra vannglasset. «Jaså», var svaret fra wetlooken som fortsatt sto bredbent foran meg. Den eldste tok ordet igjen. «Du er adoptert, vet du det?» Ingenting tilsa at han løy, de grumsete øynene glodde på meg. «Adoptert bort på grunn av din mors unge alder.» «Hvor gammel?» fikk jeg frem. «20», kom det, «eller 21», rettet han etter å ha fått på seg brillene og studert arket foran seg. «Adoptert av en russiskættet dame oppvokst i øst – hun du kaller mamma – og din far som ble registret død i 2014.» Jeg klarte ikke si mer. Sakte innså jeg at avhøret kanskje ikke hadde noe med Khrysta å gjøre. «Dere var i Kenya i tre år, deretter vokste du opp i øst. Faren din forsvant ti år etter, antatt død i massakren.» Den eldste møtte blikket mitt over brilleglassene. «Adoptivmoren din sympatiserer med okkupantene.» Sleiken satte øynene i meg. «Folk blir mobilisert *mot* sin vilje, de tvinges til å drepe sitt eget folk, hva ville dere ha gjort?» Ingen sa noe. «Dessuten er mamma den mest diplomatiske jeg vet, hun tar ingens parti – jeg nekter å tro dere!»

«Du sympatiserte også med russerne.» Begge glante, og jeg ville tilbake til Khrysta. «Var et barn», hveste jeg og merket at det rant fra panna. «Tenåring», rettet sleiken. «Jeg er like ukrainsk som dere», ropte jeg. «Er imot krigen og ønsker ikke at folk skal bli drept.» Den eldste lente seg fram og dro av brillene. «Så, hva mener du bør skje? Du var med på opprøret i 2014 og fortsatte i flere uker, helt til du ble arrestert.» «Arrestert!» Jeg spyttet ordet mens jeg reiste meg. «Ble mishandlet og dratt til en kjeller! Vi forsøkte å overleve, i tre lange år! Vet dere hva som foregår der?» Igjen var de tause. «De som motarbeider russerne, gjør det ikke ustraffet. Skolekameratene mine driver med prostitusjon og narkotika. Mamma sendte meg bort – ville ikke at mitt liv også skulle bli ødelagt.» De kikket bare i papirene.

«For faen ingen spion!» ropte jeg og banket i bordet så pennene spratt på gulvet. Den eldste lente seg tilbake og trakk pusten. «Ser du har hatt kontakt med en via Telegram. Hvem er han?» Igjen ble jeg sint. «Du utgjør en sikkerhetsrisiko med din bakgrunn», fortsatte han. «På grunn av familien min? Fordi vi er russiske?» freste jeg. «Har jeg ikke gjort meg fortjent til å kalles ukrainer? Fire inntrengere har jeg skutt, minst to er døde. Og hva med Georg? Hvorfor slippes han så nært presidenten?» Jeg angret idet ordene var sagt.

Den yngste grep rundt den vibrerende telefonen, og vi hørte en kvinnestemme prate i rasende tempo. «Et fragment av en rakett er funnet på gårdsplassen til presidentens datsja i Koncha-Zaspa», forklarte han sidemannen. «Sommerhuset ved Dnepr», sa han henvendt til meg. Etterpå lo de av at Zelenskyj bagatelliserte det hele. «Han du bor med, har gitt oss opplysninger; han skjøt mot russiske tanks og mot spesialsoldatene som angrep leiren.» Jeg nikket. «Hva med *meg*?» Jeg løftet haka. «Du ble skutt mot», hevdet sleiken. «Her i Lviv var det *jeg* som skjøt, jeg er en bedre skytter enn Georg.» Jeg reiste meg, men datt i stolen igjen. Stikkende smerter rammet magen. «Skjøt mot en russisk offiser utenfor Kyiv også», innrømmet jeg.

«Kompanjongen din skjøt vel fra balkongen», sa gamlingen og bladde febrilsk. «Var meg», utbrøt jeg og lurte på hva som ville skje med Georg. De vekslet blikk. «Undersøkte de ikke våpnene?» spurte den eldste. «Han og Anton er forresten buddiser», la jeg til. Den eldste klødde seg i skjegget, mens den andre hentet pennene fra gulvet og begynte å notere. «Skal ikke håndtere våpen uansett hvor god du er, vi gir beskjed om at du skal holdes øye med.» Han slo mappa med ark sammen. «Hvem er mr. Nord? Vi så meldingene, en slags kode?» spurte den yngste igjen. «Kode?» gjentok jeg uforstående. «Han plager meg!» De to over bordet virket oppriktig nysgjerrige.

«Faren din vet vel hvem den norske moren din er – den biologiske moren din. Hennes navn kjenner vi.» Den eldste kvapp og snudde seg mot ham.

«Ingen har fortalt meg at jeg er adoptert, og hvordan skal jeg spørre en som er dø?» En tordensky fylte meg, og jeg var klar til å slå, men stikkene i magen dempet utbruddet. Den yngste trykket inn et telefonnummer på mobilen og forsvant gjennom døra. «Kanskje du bør spore opp de norske foreldrene dine», sa skjeggen rolig. «De kan være bra folk.»

«Hvor lenge er det siden du snakket med adoptivmor?» Uroen kom, men jeg strakte meg heller etter arkene på bordet. «Kan få dem når krigen er slutt», sa han og snappet dem unna. «Når vi har vunnet», presiserte den yngste i døra og lo. «Er vel dårlig dekning?» spurte jeg. «Har forsøkt på forskjellig vis», kom til svar fra den eldste. «Faren din vil du aldri kunne …», begynte han, men den yngste brøt inn: «Angående russeren, han skjøt ikke – du fikk has på spesialsoldatene i Lviv.» Den eldste grep tak i brillene sine. «Ikke verst, det betyr at vi kan stole mer på deg. Du fortsetter som vakt, men ikke med våpen i første omgang selv om du ble håndplukket til dette.» Jeg fikk knapt med meg hva han sa – mamma var uekte og de hadde navnet på min norske mor.

Bilradioen ble skrudd høyt på vei tilbake. Av skiltene forsto jeg at vi befant oss fire kilometer utenfor Lviv. Håndplukket, hadde han sagt. Var det sånn de oppfattet rekrutteringen til Anton? Hadde han ansatt en han trodde ikke ville duge? Eller kanskje en russer, helt bevisst? «Europas største kjernekraftverk brenner etter angrep fra russiske styrker», ble lest og Zelenskyj uttalte: «Ingen andre enn Russland har åpnet ild mot atomreaktorer, terroriststaten tyr til atomterror.» Fantes det noen unnskyldning for oppførselen til angriperne, eller ga de fullstendig faen? Det siste kunne jeg relatere til; jeg frøs og trakk jakka tettere om meg. Smertene økte. Helst ville jeg bare forsvinne.

Nattevakt betydde at jeg skulle passe familien mens de sov. En rar avgjørelse med tanke på at jeg var under oppsikt. Jeg fikk tak i Anton. «Stoler på deg», kom det. «Yurij fortalte at du reddet ham i skogene utenfor Kyiv, men vi ante ikke hvem som fikk has på generalmajoren med Dragunovs-en, en original fra 1963.» Kvalmen kom. Soldaten i skogen døde mest sannsynlig også, av mangel på blod da de slepte ham. «Jeg er fra den okkuperte delen, mamma har havnet på feil liste, vi støttet russisk», ramset jeg opp. Han lo. «Vet, men de fleste har snudd etter 24. februar.» «Men blir du ikke bekymret, kan jeg ikke slippe?» Han svarte ikke. «Hvilken side vil du jeg skal være på?» ropte jeg. «Slapp av, vi må gjøre som vi får beskjed om. Si ifra om du ikke klarer, du har vært gjennom mye.» Jeg sukket, ville egentlig si at jeg ikke orket, men hadde ikke noe annet å ta meg til. Selv om kolonnen utenfor Kyiv hadde lite fremgang, kom den fram en dag – og slaget om hovedstaden ville garantert bli blodig. Lviv var kanskje stedet for oss. «Bør vi ikke flytte – de vet jo hvor familien er», sa jeg. «Russerne forventer det, at de allerede har dratt», kom til svar.

Georg skulle ha vakt i leiligheten med det nye panoramavinduet. Da jeg var i ferd med å bære ned bleier og pledd til Khrysta, ble jeg stanset. «Du blir i etasjen over», sa en myndig kar. Om Georg hadde kontakter blant vaktmannskapene, ville de vel sørge for at han fikk jobben gjort. Ukrainsk eller russisk blod – egentlig var det ett fett for meg – jeg var for sliten til å bry meg.

Jeg spurte slapt om jeg kunne søke med mobilen hans før jeg gikk. Så sveipet jeg gjennom listen med russiske oligarker. Frankrike hadde tatt beslag i luksus-yachten til sjefen for den russiske energigiganten Rosneft, Putins gode venn. Ved en stusset jeg, noe var kjent. Han støttet barnehjemmene i øst. Alexey Mordashov, nest rikeste russer. Kanskje mamma hadde fortalt om ham? Jeg zoomet yachten. Gigantisk, og den het *Nord*. Var navnet tilfeldig? Om pengene på kontoen ble frosset, kunne de være fra en oligark, en med forbindelser til regimet i Russland. Hadde mamma tullet seg borti skurkene? For å redde oss?

I etasjen over ble jeg stående foran speilet. Ti år eldre, så jeg ut. Hvit i huden og med blanke øyne. Brukte noen yachtens navn som sitt eget? Oligarken? Skulle gjerne hatt en riking å arve, særlig med tanke på Khrysta. Russerne hadde startet angrepskrigen og var skyld i at titusener ville dø. Ville jeg virkelig arve sånne penger? Blodpenger. Men hvordan skulle vi leve uten? Leiligheten i Kyiv kunne når som helst bli bombet sønder og sammen. Meldingene fra Rusa hadde vært kryptiske, kanskje var den allerede ødelagt.

Enhver kveld kunne være vår siste, så jeg drakk for å slippe å tenke. Verkingen i magen minnet om at jeg måtte til lege, men ute var det stupmørkt. Ettersom jeg ikke husket tidspunktet jeg skulle være på vakt, måtte jeg bare gå. Først pusset jeg tennene og håpet de ikke ville merke alkoholdunsten. «Du har det minste rommet», sa mannen med et blunk da han lukket opp på den andre siden av gata. Værelset var enormt. «Barna ligger vegg i vegg og moren er i rommet over gangen», sa han. «Ring om du hører noe mistenkelig.» Han kastet en større mobiltelefon med ørepropper på senga, og jeg innså at jeg var sovende nattevakt.

Men jeg fikk det ikke til, så jeg dyttet den ene proppen i øret og hørte på radioen. Japan skulle sende vester, hjelmer, telt og annet utstyr. På en måte savnet jeg leiren, fellesskapet og den jeg var da. Hodet var fullt, og kun bruddstykker av nyhetsstrømmen kom gjennom til meg. Men da neste varsel kom, spisset jeg ørene. Borodyanka var utsatt igjen med 100 personer fanget i en sammenrast bygning. Ungdommen fra blokka sin familie. Jeg grøsset, men begynte å legge planer. Måtte få slutt på krigen.

Dear Jens sa noe igjen. Jeg puttet inn proppene og hørte på den rare engelsken. «De neste dagene blir sannsynligvis verre, med mer lidelse, død og ødeleggelse.» Jeg spratt ut av senga. Kanskje *han* var min ekte far. Nordmannen. Uansett, krigen kunne ikke fortsette. Av klokka på mobilen så jeg at flere timer var gått. Lizz Truss skar i ørene. «Angrepet mot atomanlegget er en trussel mot europeisk sikkerhet og stabilitet, de ansvarlige må stilles til ansvar!» Jeg kom meg til gangen – måtte smi mens jernet var varmt. Jeg var kanskje datter av Nato-lederen, en trenet soldat så og si.

Jeg skrev en melding til mr. Nord og fikk beskjed om at han var i Russland. *Kan du hjelpe oss?* skrev jeg. *Kjære deg – vil så gjerne bistå – dere er i konstant fare.* Bevæpnet med to kniver fra kjøkkenskuffen kom jeg meg tilbake mot soveromsfløyen. Jeg hadde et oppdrag å utføre. I gangen begynte mobilen å kime, så jeg listet meg til rommet mitt og lukket døra. «Idioter», hveste jeg, «dere vekker huset.» «Telefonen din kan hentes», svarte en ung fyr. Kanskje hadde Facebook-innleggene fra før invasjonen reddet meg; jeg husket å ha postet noe om at Putin skulle skamme seg. Svimmel ble jeg sittende i senga og lytte til knirkingen i gulvet på utsiden. Hadde jeg vekket kona til presidenten? Var det *hun* som hadde urinveisinfeksjon? Jeg ringte igjen. «Noen går i gangen», hvisket jeg. «Mottatt, vi sjekker», sa samme fyr, og like etter kom meldingen: *Alt OK.* De hadde altså videoovervåkning.

Russiske soldater skulle ha tatt seg inn i havnebyen Mykolajiv, men var slått tilbake. Bra for Odesa som lå like vest for byen, men jeg var ikke glad for nyheten; sånt kunne gi ubegrunnet optimisme. Sivile ville verve seg til den sikre død. Jeg sendte Rusa en melding. *Vi er i Warszawa på vei til Russland, noen henter oss på grensen. Ser vi vinner i Mykolajiv.* For alt jeg visste, kunne Rusa ha reist utenlands. *Hvem kjenner du i Warszawa?* skrev han, og jeg måtte le.

Mykolajiv lå i sør, om lag to timers kjøring nord for Kherson – den eneste storbyen Russland foreløpig hadde inntatt. Men dette var bare begynnelsen på noe uunngåelig. Noe måtte skje med krigshisseren Zelenskyj. Ett eller annet som fikk ham til å forstå at å stå imot, var nytteløst. Bare ved å innfri forhandlingskravene, kunne vi vinne, altså styrte regimet. Ingenting var bra med det Putin drev på med, men å risikere døden for så mange soldater, var idioti. Magen verket og jeg kaldsvettet. Men jeg var klar til å gjennomføre. Måtte bare vente til presidenttispa var i seng igjen.

Ingen radioaktiv lekkasje ved kjernekraftverket Zaporizhzhia, opplyste ukrainske strålevernmyndigheter. Forsvarsdepartementet i Russland mente angrepet var utført av «ukrainske sabotører», og kalte det en «monstrøs provokasjon». Igjen måtte jeg le. Så simpelt, russerne burde skaffe bedre talspersoner – enhver kunne gjennomskue sånt. Hvorfor skulle vi angripe våre egne kraftverk?

Gulvet knirket. Eu dør ble åpnet før den nesten lydløst smekket igjen. Hun måtte ha en sykdom. Kanskje fantes medisiner på badet. Siste nytt var at nær 7 000 russiske forskere og akademikere hadde undertegnet et brev til Putin i protest mot krigføringen. Jeg falt bakover i senga. De gjorde det enkelt for sikkerhetstjenesten – nå var listen klar for de som *ikke* fikk forskningsstipend. En skulle tro folk ønsket å bli forfulgt.

Lørdag 5. mars

Jeg våknet med et sinne mot Georg. Han var så grenseløst naiv, like naiv som Zelenskyj. Jeg hatet optimismen deres. Fattet de ikke at vi måtte slutte å kjempe mot det sterkere Russland. Brystene sprengte, og huden var dyvåt av svette. Jeg hadde sovnet fra planen! Khrysta; jeg ville til henne. I gangen passerte jeg to kameraer, men de fanget bare ryggen når jeg kom fra kjøkkenet. Knivene hadde jeg holdt foran meg, så de var trygge. Nå lå de igjen under madrassen.

Georg ventet med telefonen min, og jeg takket først. Så informerte jeg ham. Han stanset tyggingen. Jeg fattet meg i korthet – måtte få fram budskapet. «Adoptert?» utbrøt han. «Dør jeg, må du ta Khrysta til Russland, til en som heter mr. Nord – mamma kan ikke», la jeg til. «Hun passer de eldre og har ikke mobildekning.» Han la de bandasjerte hendene på skuldrene mine. «Ikke ta sorgene på forskudd.» Men jeg noterte likevel. *Mitt siste ønske*, smurte jeg på i overskriften og ga ham til slutt det sammenbrettede brevarket. Han brukte tid på å fordøye alt, og la en pris under leppa mens han leste. Det stinket og jeg fikk brekninger. Før han gikk, forsøkte han å ta hendene mine. Men idet han forsvant, så han bare på meg.

Farfar, ikke min ekte farfar, men faren til han som adopterte meg, ble med på lasset som baby da foreldrene ble tvangsflyttet fra Russland i 1933 – etter den store sultkatastrofen. Mr. Nord var kanskje en russisk oligark, en med innflytelse. Det kunne forklare overvåkningen av meg, både i leiren og etterpå. Pengene som var frosset, viste at vi var blant russiske rikfolk. Ikke rart mamma hadde vært taus. Khrysta gurglet fra pleddet på gulvet. I en byleilighet med lysekroner skulle hun bo. Fattige krigsofre var ikke vår skjebne. Magen verket, og jeg sank mot gulvet.

Farfars fortellinger kom tilbake til meg. Stalin hadde sendt familien hans til Luhansk etter hungersnøden, området med over 25 prosent avfolkning. Foreldrene hans hadde bygget opp gården etter at de som drev den, ble drept av egne arbeidere i bondeopprøret fordi de ble ansett som kulakker – folk som utnyttet andre. Farfars foreldre ble derimot godt likt, fordi de delte. Kanskje var det ikke så viktig hvilken bakgrunn de hadde. Ikke før vi ble uglesett nesten hundre år senere, fordi noen etniske ukrainere, nasjonalistene, mente vi ikke hørte hjemme i vårt eget land – at mine uekte forfedre nærmest hadde tilrøvet seg jorda. Men vi hørte ikke til familien på småbruket, ikke i blodet.

Georg var allerede på vakt nedenunder. Da jeg lente meg utover balkongen, så jeg ham i gardinene. Jeg kom på Polan. Han forsto at krig medførte elendighet. Kun. Vi burde ha utført planen sammen, han ville vært enig med meg. Så la jeg Khrysta i senga og tok på jakka før jeg strenet ut. Et øyeblikk lente jeg meg mot muren utenfor bygården. Tenkte på Polans milde øyne og hvordan han hadde passet på alle i leiren. Brått savnet jeg ham gruelig.

På torget midt i Lviv spilte en kvinne *What a wonderful world* på piano i menneskemengden. Folk ble stående, mens jeg måtte videre. Jeg kjøpte flere kjoler til Khrysta, og sminke og strømpebukser til meg selv. Hårbøyler, mange fargerike hårbøyler. Tingene, pengene, butikkene – ingenting virket ekte. Omsider fungerte ikke kortet lenger og jeg snudde nesa mot boligkomplekset. På veien tilbake kom jeg på at datteren min var alene. Innenfor døra hørte jeg Zelenskyj kreve at ukrainsk militært personell måtte slutte å publisere nedverdigende videoer av russiske piloter og soldater i fangenskap. Et spill, alt var som å delta i et skuespill.

Posene gjemte jeg innerst i kottet der jeg satte meg blant vaskemidler og sko, hjertet mitt blødde for alle som var lurt eller tvunget med i krigen. Alt virket så meningsløst. Men jeg hadde en oppgave, en jeg måtte utføre samme hva! Khrysta gråt fra soverommet. Da jeg kom meg inn til henne, hadde hun dyttet sengetøyet og madrassen på gulvet og lå rett på de grove plankene som utgjorde sengebunnen. Jeg løftet henne til stua og gransket skrubbsårene. Ingenting som ikke ville gro av seg selv, men bleia var full. Noen burde skifte den.

Georg hadde latt TV-en stå på. Italia hadde siden fredag beslaglagt russiske oligarkers villaer og lystbåter for 142 millioner US dollar. Jeg var nervøs for Nord, for midlene hans. Krigen måtte stanses. Hvorfor var jeg bundet til en leilighet med et gråtende barn? Khrysta skulle i fremtiden løpe glad på dekk, med sol i fjeset og frisk vind i serpentinerkrøllene. En mann skulle vinke til henne, rynket i huden, men med et varmt smil. En oligark som overvåket og passet på oss. Eller Nato-sjefen som kanskje var hennes ekte morfar. Uansett, en som sørget for trygghet og tro på fremtiden.

Jeg prøvde den nye leppestiften, drakk kaffe og planla til noen dundret på døra. Mørket var kommet brått. Anton sa jeg måtte bli med, vakten hadde begynt. «Ruslan ringte, han ønsker å se datteren sin.» Jeg ristet på hodet, følte meg uopplagt etter all grublingen, kunne heller ikke huske når vakten skulle ha startet. Hadde jeg i det hele tatt spist? «Skal ringe», løy jeg. «Er du pro-russisk?» ropte jeg da vi strenet over gata. «Hva snakker du om?» freste han.

Knivene lå fortsatt under madrassen. I kjøkkenskuffene hadde det vært overflod, ingen ville savne dem. Jeg fikk installert Telegram og leste alle meldingene fra den så-kalte mr. Nord. Nå trengte vi ham. *Har mistet alt og er på flukt. Tomme for vann, mat og penger. Kampene raser. Dat-teren min er fantastisk, intelligent og vakker, men har fått en infeksjon som jeg tror påvirker hjernen. Kan vi komme til deg? Har ingen andre å spørre.*

Kunne Georg ha avtalt med vaktene at jeg skulle sove i huset fordi han ikke tålte meg lenger? Kanskje alt var et teater og alle overvåket telefonen min. Skulle min beste venn gjennom krigen vende meg ryggen? Jeg orket ikke gjennomføre i kveld. Var kald samtidig som jeg svettet. Kanskje sov heller ikke moren og barna i naborommene. Tanken skremte meg. Skulle jeg gløtte på døra deres? Li-kevel ble jeg værende i rommet. Dyra måtte avlives. Hu-mant. Noe annet klarte ikke mamma. Alt var nok bra, russerne var ikke så ille – ikke om man var forsiktig – og i tillegg selv en russer.

Søndag 6. mars

Med radioen på øret klarte jeg til slutt å sovne, men på morgenkvisten våknet jeg av nyhetsvignetten. Alt sammen om igjen; Leger Uten Grenser mente situasjonen i Mari-upol var katastrofal, og den ukrainske fregatten Hetman

Sahajdatsjni, skulle være senket. Av oss. Jeg slo av mobilen og lyttet – foreløpig ingen lyder. Klokka var halv seks. Jeg kunne gjøre det. Morgen eller kveld, spilte det noen rolle? Jeg gjespet og strakte meg, innså at jeg var mer opplagt om kveldene. Med føttene på det kalde gulvet dro jeg klærne på og listet meg ut. Utsatte å tisse, det sved noe sinnssykt.

Georg var alt på post selv om Khrysta sov. En lapp fortalte at hun sovnet like før syv, og at hun hadde vært våken flere ganger den natten. Brystene sprengte under genseren. Hadde jeg glemt å gi henne kvelds? Jeg utsatte toalettbesøket. Hvorfor drakk jeg når jeg ikke fikset tissingen? På badet var tankene innom mr. Nord. Kunne han ta seg av et barn? Spilte det noen rolle? Han hadde jo råd til barnevakter. Jeg lo mot speilet. Etterpå åpnet jeg Telegram, men så bare min egen desperate bønn. Hvorfor svarte ikke mr. Nord? Trodde han ikke på krigen? Eller var han en fengslet opposisjonell? Bare han ikke var så dum at han åpent var imot «spesialoperasjonen», da ba han om 15 års fengsel, ifølge en ny russisk medielov. Putin var handlekraftig, men kanskje allerede forgiftet. Jeg skrev: *Dessverre har jeg mistet melken, men vi forsøker å finne mat.* Endelig svar: *Min kjære, så fælt. Kan arrangere en reise. Fortell tid og sted, så sender jeg noen. Ber for dere.*

Jeg forsøkte å liste meg ut fra badet, men Khrysta våknet med et skrik. Å tisse gjorde forferdelig vondt, og i toalettskåla ble vannet rødt. Først håpet jeg på mensen, men innså at det kunne være noe annet. Jeg bar Khrysta til kjøkkenet der jeg fant noen tørre brødskorper. En satte seg i halsen hennes, men kom opp med et kraftig host. Jeg la henne selv om hun skrek, holdt meg bare for ørene. Trengte vel søvn etter natten. Jeg tok dobbel dose med smertestillende og satte meg i badekaret. Tankene svirret, ante ikke hva jeg burde gjøre.

Hun hadde sovnet av seg selv da jeg listet meg inn til henne. Igjen hadde hun klort seg. På kjøkkenet sto maten jeg hadde tilberedt, hadde bare glemt å spise den. Gården var stille, og kun lyder fra enkelte biler i gata hørtes. Jeg slo på TV-en. Khrysta våknet umiddelbart, men jeg var for sliten og ble sittende i stua. Russland hevdet å ha truffet og ødelagt en militær flybase, og myndighetene i Mariupol meldte om midlertidig våpenhvile mellom ti på morgenen og ni på kvelden. Fra klokken tolv ville de evakuere folk langs rutene vist på Telegram. Zelenskyj burde holde befolkningen i ro så kunne russerne dele ut mat og vann, jeg hadde selv sett det på TV. Var dette også skuespill?

«Ukrainerne må slutte å kjempe», sa Putin, og jeg var enig. Snart skulle jeg få slutt på kampene. Fortsatt demonstrerte folk, i mer enn 40 byer var russere pågrepet, og totalt nærmet det seg 10 000 arresterte. Zelenskyjs popularitet økte, og jeg syntes synd på Putin; gammeldags og hjelpeløs når det gjaldt kommunikasjon, gammelmodig var han også – i alle fall sammenliknet med vår president som hadde tykt, mørkt hår. Den russiske presidenten kunne heller ikke gå ordentlig. Zelenskyj derimot, beveget seg som en ungfole.

Kanskje Putin var sjalu på den atletiske fremtoningen hans, og humoren – og på måten han kunne «holde» et publikum. Z-symbolet ble i så fall forklarlig. Mer og mer fikk jeg sympati for mannen bak det massive skrivebordet. Han skulle ha ett eller flere ukjente barn, ble det sagt. Kanskje var jeg *hans* datter. Hadde han vært på Norgesferie og hatt seg med en ung, norsk kvinne? Det kunne forklare hvordan jeg var blitt adoptert bort til mamma. Egentlig bare logisk. Hun ble bedt om å gi Putins datter en normal oppvekst i Øst-Ukraina, samtidig fikk hun penger for en god start da jeg ble voksen. En oligark ble støttespiller for mamma når krigen kom, og selvsagt trengte han båt, yachten *Nord*.

Han som kunne være min biologiske pappa, snakket med Macron om det som skjedde ved atomkraftverket i Zaporizhzhia for to dager siden, og forklarte at ukrainske radikale provoserte fram situasjonen. Faktisk kunne han ha rett. Jeg støttet ham. De sivile ble giret opp av en overoptimistisk president. Visste de ikke om faren og hvilke grufulle konsekvenser et atomutslipp kunne få?

Alt som ble sagt videre, forstyrret meg. Zelenskyj, eller krigshisseren som jeg kalte ham, hadde tatt russiske soldater til fange. «Hundrevis, hundrevis», påsto han. Jeg klarte ikke å se for meg så mange Georg-er. Uskyldige, unge gutter fra fattige kår. Georg hadde aldri sett en oppvaskmaskin før han dro hjemmefra, åpenbart heller ingen Moccamaster. Jeg måtte bli flinkere til å avsløre usannheter, også fra ukrainsk hold. I krig gikk jo først av alt sannheten tapt.

Å spre «falske nyheter» om det russiske militæret, skulle bli straffbart, og ordet «krig» ville bli ulovlig å si. Bra – rykter ble spredt over en lav sko. Jeg slo av TV-en og åpnet heller vakttelefonen og min egen mobil. Flere tapte anrop, spesielt mange fra Rusa, men også fra Anton. Et nytt forsøk på å evakuere sivile fra Mariupol var avbrutt søndag, bekreftet Røde Kors. Jeg trykket *like*, og ja, jeg likte det, sånt var unødvendig ressursbruk. Om de overvåket meg, ville de kanskje reagere, men hva betydde egentlig «å like», det kunne bety; ja, jeg liker å se dette omtalt.

Flyplassen i Vinnytsia sørvest for Kyiv var fullstendig

ødelagt. «Lukk himmelen over Ukraina», ba presidenten på Instagram. Jeg svarte ham med et sinna-ansikt før jeg ventet på at noen skulle storme inn og arrestere meg. Noe stakk i underlivet. Ble tankene straffet? For første gang etter at Georg braste inn i teltet, var jeg ensom. Fryktelig ensom. Jeg åpnet verandadøra og ropte: «Jeg er en agent, datter av Putin.» Så gikk jeg på badet. De runde kinnene, den lange nesa og øynene som satt tett; så åpenbart – jeg *var* hans, vi hadde et bånd. Oligarken som brukte navnet Nord, var bare en som støttet oss med russiske midler. Det passet med Bank Rossiya. Alt falt på plass. Kanskje ville han bli enda rikere om han fikk reddet Khrysta og meg. Putin var nok ikke særlig «happy» med at han bare skremte oss med kryptiske meldinger.

Presidenten ville belønne ham godt om han tok vare på oss. Sånn var Russland; de lojale ble bestukket, noen ganger rikelig. Kom jeg fra dette med livet i behold, var vi blant sosieteten. Utfallet var imidlertid usikkert, men jeg måtte gripe sjansen, få slutt på krigen og dermed redde livet til menneskene på begge sider, redde russisk økonomi og interessene til oligarkene – til mr. Nord, og til Khrysta og meg. Til en av oss, i alle fall og det spilte ingen rolle hvem. Om jeg ofret meg, ville hun ha æren av å være min datter – kvinnen som fikk slutt på «Ukraina-problemet». Jeg lo og strøk hånda langs det silkemyke sofastoffet og oppover tapetet til det gullforgylte speilet. Reiste meg og så inn i to klare iriser – Putins øyne.

Georg dukket opp i gangen. «Hvorfor gauler du fra balkongen? Og hvorfor tar du henne ikke opp?» Jeg forsto ikke hva han mente. Hadde Khrysta skreket? Prinsessen. Presidentens datterdatter. Hun måtte tåle sånt for å bygge karakterstyrke og utholdenhet. Kanskje krigen var ment å skulle herde oss. Han kom bærende på henne. «Blir snart gal!» «Bli hos oss, da vel», sa jeg og listet meg mot ham. «Noen sa du var ute i dag – hadde du med Khrysta?» Jeg svarte ikke.

«Og hvorfor står maten alltid framme?» ropte han fra kjøkkenet. Barna på den andre siden av gata ble geleidet av væpnede vakter. Jakkene så dyre ut, og moren fulgte hakk i hæl. «Hvorfor vil du sende Khrysta til Russland?» Georg sto i døra med Khrysta i armene. «Skal hun ikke vokse opp i et demokrati? Være fri?» Jeg studerte fiske-beinsmønsteret i parketten. «Morfaren er velstående», av-slørte jeg. «Ga oss penger til å kjøpe leilighet i Kyiv, men så forsvant resten.» Han skakket på hodet. «Vet ikke om den er beboelig», medga jeg. Han løftet Khrysta med en grimase. «Adoptivfaren min var gruvearbeider, men jeg kjenner en oligark med yachten Nord som har kontakter i Kreml, og kanskje har han forbindelser til min biologis-ke far – eller så er pappa norsk og er en høytstående em-bedsmann i toppen av NATO-systemet.» Han rynket brynene irriterende lenge.

«Pengene ble beslaglagt, noe som beviser at de kom-mer fra en russisk oligark.» Fortsatt ingen svar. Sinnet mitt vokste. Jeg grep henne ut av armene hans og la henne på håndkleet på badet. Han bare gikk. Jeg burde ha skiftet bleie, men fulgte etter ham ned trappa til vaktleiligheten. «Du skal ikke være her», ropte han og sprang forbi meg. En stund senere kom han bærende på Khrysta og satte henne på gulvteppet ved siden av meg der hun fingret med rysjene. Trodde han jeg hadde glemt henne? «Hvor-for har hun sår over hele kroppen?» spurte han og viftet med de bandasjerte hendene. Jeg ville bare se TV.

USAs utenriksminister, Antony Blinken, sa de hadde troverdige rapporter om at sivile i Ukraina var angrepet. «Tror du på ham?» spurte jeg og pekte. Verken Georg eller noen av de andre svarte. USA skulle dokumentere dette for «de riktige organisasjonene», for å se om det kunne dreie seg om krigsforbrytelser. Og Russland hadde problemer på hjemmebane; nær 3 500 demonstranter var arrestert, 13 000 i alt. Putin var en hard negl. Jeg burde lære av ham når jeg forhandlet, sette hardt mot hardt, ikke gi meg. Å vende det annet kinn til, som mamma hadde lært meg, fungerte ikke. For noe sprøyt! Jeg var en soldat, en spesialsoldat med et oppdrag gitt gjennom intuisjonen – en arv fra min far.

Jeg kom på mr. Nord og sendte: *Forsøker å komme oss til grensen og videre til Warszawa – møtes der. Om ikke jeg er med, så vil datteren min bli fraktet. Ta kontakt med din landsmann, Georg Bora, som lever her i dekning.* «Herregud!» Georg stakk hodet fram fra gardinene. Sjefen i det internasjonale atomenergibyrået, Rafael Grossi, fortalte til en reporter at arbeiderne på atomkraftverket i Zaporizhzhia var under russisk kontroll. Georg ble stiv i maska. «Var vel ikke ved Tsjernobyl? I den røde skogen?» spurte jeg. Vaktene kikket stjålent mot ham. «Fløy inn med helikopter», kom det. Russerne så ikke bare ut til å ha Tsjernobyl som mål, men også et anlegg i full drift. Europas største, dessuten. Zaporizhzhia. De måtte stanses! Utførte jeg planen, ville kanskje livet mitt være over. Men jeg måtte bite meg fast, få slutt på den idiotiske krigen – en gang for alle.

Ifølge avisa Pravda skulle en fra Belarus ha bekreftet at russiske soldater hadde fått stråleskader da de gravde skyttergraver i den radioaktive jorda. «Andrei og Igor sier de ikke kan se Tik Tok lenger», sa Georg. «Hvem er de?» spurte jeg. «Brødrene mine», kom fra gardina. «Gjaldt Netflix også», opplyste jeg, men han svarte ikke. Var han sur igjen? En eldre svartkledd låste seg inn og ble forbanna da han så meg. «Kom deg ut», raste han. «Hvorfor?»

«Er ikke klarert», kom tilbake. «Er jo med barna», skrek jeg og veltet et sidebord fullt av glasspynt.

Igjen fikk jeg følelsen av uvirkelighet, som om vi var skuespillere i en film. Georg dro meg opp og ba meg roe meg. «Noe annet», sa mannen, «huset der borte er fullt av kameraer.» Han pekte med strak arm. Jeg burde tie, men klarte ikke. «Hvordan er det bedre?» Smertene i magen økte. Mannen kastet av all kraft kalasjnikoven i glass-skårene. «Må jeg ringe Anton?» Han stirret. «Ditt virus», sa jeg rolig til de mørkebrune øynene. Georg kom mellom oss. «Hold snavla!» ropte han. Til *meg*! Halsen var flammende rød. Fyren forlot oss med et stønn, og jeg så mot Georg – han *kunne* bli sint.

Da tiden var inne for å gå over gata, grep jeg en AK-47. Georg løp innbitt mot meg. «Slipp!» «Hvorfor sa du at du skjøt?» spurte jeg og iakttok ham. Han glodde uforståen-de tilbake. «Ser du at øynene sitter tett?» Jeg pekte på meg selv. «Likner Putin?» Han så på meg som jeg var et in-sekt, ett han burde knuse. «Du er ikke riktig», slengte han. Kanskje fordi jeg ikke hadde skiftet på Khrysta. Eller fordi jeg hadde glemt henne i etasjen over? Hadde jeg det?

Utenfor hørte jeg Georg krangle med Anton. Jeg brød meg ikke, måtte dessuten på vakt. Etter å ha snudd meg flere ganger i vaktsenga, tok jeg knivene i hendene. Men jeg ble liggende, hadde vondt nederst i ryggen også. Jeg pøste på med smertestillende mens jeg prøvde å tenke på han som var min biologiske far. Vi liknet ganske mye. Til slutt bestemte jeg meg for å utsette aksjonen til morge-nen.

I løpet av natten våknet jeg av at ei dør lukket seg. Jeg gløttet på soveromsdøra og fikk se barnet i ti-årsalderen. Han hadde pysj og sjanglet lett. Kunne han være gutten fra bunkeren i Kyiv? Håret var langt og bustet og minnet om meg selv da jeg var barn. «Vokser jo framover», hadde mamma kommentert en dag før danseskolen og gredd det bakover. Mamma, som ikke var min mamma. En vond klump vokste i halsen. Hun hadde brune øyne, mine var blå. Jeg rettet meg, kunne ikke la sorgen komme i veien. Brått innså jeg hvor lenge det var siden siste prat med henne. Jeg kaldsvettet, men skjøv det unna, måtte tenke på landets beste – og Khrysta. Mamma ville ha ønsket det; endelig skulle landsbyen bli fri. Kanskje alle på gården var døde og dyra sultet. Nei! Måtte fylle hodet med noe som ga håp. Krigen kunne stoppes! Knivene lå som i en pil og pekte mot døra. Noe salt rant innom munnen, men jeg hadde en oppgave, måtte ikke bukke under av en uskyldig betennelse. Jeg fant fram eskene med Ibux og Paracet og tygde pillene i meg uten vann.

Med hånda rundt dørhåndtaket stønnet jeg. Kom på at jeg måtte sende Georg sitt nummer til mr. Nord. Jeg deiste ned på senga igjen og tekstet. På øret ble det ramset opp tall. Storbritannia ga ytterligere 100 millioner euro i bistandsmidler, vi hadde allerede fått 273. Midlene skulle brukes i det offentlige. Så snilt av dem – jeg likte Boris. Mer enn 20 000 fra 52 forskjellige land, hadde meldt seg for å kjempe med oss, ifølge Kuleba. Jeg smattet på tallene. Så misforstått, de kom til å bøte med livet – dette ville bare øke dødstallene. Unge folk, i tillegg til ukrainere og russere. *Jeg* var ukrainer, *og* russer. Skulle jeg også dø? Det kjentes nesten greit. Jeg foraktet meg selv uten å vite hvorfor, følte meg ekkel i mitt eget skinn, kaldsvettet dessuten. Kanskje var det en beskyttelsesmekanisme, en rasjonalisering; ettersom *jeg* var så fæl, kunne jeg like godt dø. Logisk, jeg skulle ofre meg for et høyere gode – flere overlevende på begge sider. Alle Georg-er skulle snart få komme hjem.

Mandag 7. mars

De gjemte seg under dynene, men jeg truet dem ikke, la bare fra meg knivene på stolen innenfor døra. Den eldste, det vil si jenta, fulgte med da jeg låste og la nøkkelen i lomma. Så sendte jeg melding til Zelenskyj. Altså, jeg skrev på Twitter-kontoen til regjeringskontoret: *Har barna.*

Mobilen lyste gjentatte ganger. Men jeg ville ikke uroe dem, de hadde lagt seg igjen, og gutten pustet jevnt. Jeg kjente ham igjen nå, fra frokostleveringen langt under bakken i Kyiv. Fra korridoren på utsiden banket noen forsiktig på døra. Iltert hvisket jeg: «Gjør du det igjen, dreper jeg dem.» Kanskje var det moren. Uansett, det ble stille. Rommet de delte, var større enn mitt, og ferdigpakkede bager sto oppstilt langs veggene. På hver side av rommet var sengene, guttens formet som en bil, mens hun hadde en bred alene.

Tenåringsjenta fulgte blikket mitt. «Skal flytte igjen», hvisket hun og gutten sukket under dyna. «Hit med telefonene», kom jeg på. Lydig ga hun meg jålemobilen, en rosa iPhone 13. Så skrev jeg til vaktfolka. *Frokosten skal settes utenfor døra, men ingen må oppholde seg i gangen.* De svarte: *Greit,* og ville vite hva jeg var ute etter. Jeg tastet: *Presidenten må si i en videotale at han vil ha våpenhvile fra neste morgen, at okkupasjonen av Donbas og Krym må oppgis mot at Putin personlig får ti prosent av all produksjon i Donbas tjue år frem i tid. Og straffefrihet.* Mafiosoen i Moskva, jeg hadde sett ham velte seg i luksus. Alle stormannsdrømmene ville overgås. Selv skulle jeg sørge for at han ble likvidert lenge før han ble verdens rikeste. Om han da ikke ble jaktet på og voldtatt så snart russerne oppdaget hva spesialoperasjonen egentlig gikk ut på. Heller ikke *det* ville han overleve. Jeg la til: *NATO er uaktuelt ettersom de uansett ikke vil ha oss.*

Vi skal formidle, svarte de, og så skrev noen at Georg ville prate, at han var glad i meg og angret for å ha vært sint. *Klapp igjen,* skrev jeg. Telefonen lyste i fanget. *Georg, her – la barna være – de har ikke gjort noe. Jeg løy, tok skylden fordi jeg trodde du skjøt mot uskyldige naboer.* Jeg spurte hvorfor han ikke hadde sagt noe før. *Ikke særlig modig av meg, men du er. Kom ut. La meg hjelpe deg, som da du tok pilleesken.* Jeg stusset. Hadde helt glemt den, nå burde jeg hatt den hos meg. Han skrev mer: *Glad i deg, alt skal gå bra, ikke gjør noe dumt.* Georg var nok russer i hjertet, han også. *Tok du sedlene? Ja,* kom det. *Gravde dem ned ved parkeringsplassen, men da jeg kom syklende, fant jeg dem ikke.* Jeg bannet, gutten var rene kleptomanen.

Anton her, vi har kontakt med presidentens kontor og vil holde deg oppdatert. Ruslan hilser og ber deg avslutte aksjonen så dere kan prate. Jeg svarte ikke. Ruslan. Få kalte ham ved fødenavnet. Nå liknet jeg far. Mr. Nord hadde sendt en melding hvor han takket for telefonnummeret, og sa han var på vei. *Overleveringen må skje via en tredjeperson, vi må avtale adresse,* skrev han. *Fint,* svarte jeg. *Vi lever.* Omsider kom frokosten. «Romservice med Choco Pops», ropte jeg, og gutten lo usikkert. Sånt kjente de til, de bortskjemte ungene. Men faktisk likte jeg dem. «Redd for krigen», innrømmet han, og jeg føyste det bort. «Snart er den over.» Igjen lo han, og jeg kjente meg bra.

«Er dette 'hjemme'?» spurte jeg, men de så bare på hverandre. «Hva gjør du her hos Sergiy?» spurte han. «Nattevakt», sa jeg. «Skal passe på dere til krigen er slutt.» Jenta, som jeg antok var rundt 19, rynket brynene, mens den yngste knegget igjen. «Korridorene vil bli åpnet fra Kyiv, Kharkiv, Mariupol og Sumy», sa jeg, men de så ikke ut til å forstå. «Emmanuel Macron spurte om det på telefonen i går», forklarte jeg. Imens fikk jeg mange meldinger, men ville kun svare om noe var positivt. Og jeg fulgte med på nyhetene, så jeg forsto når kravene var innfridd. *Må skje innen 48 timer*, skrev jeg. Ellers kunne jeg dø, enten av brystbetennelse eller urinveisinfeksjon. Piller var redningen, enn så lenge. Men melken måtte ut! Brystspreng var grusomt. Khrysta fikk spise grøt, hun hadde det dessuten bedre hos Georg.

«Nå skjer det i Mykolajiv også», ropte jeg. «Hva da?» spurte hun. «Artilleriangrep», forklarte jeg. Gutten kastet plastfigurer på leketeltet før han mønstret meg. «Hva er artilleri?» «Store kuler», svarte jeg. «Dere må spise», la jeg til, men de hørte ikke etter, fortsatte bare å se stjålent mot maten. «Hvor er mamma?» spurte han. Et kvalt hikst hørtes fra utsiden. «Kommer nok snart», sa jeg høyt mens det stakk i siden min. Barna latet som om de ikke hørte mora.

Ettersom de to ikke var interessert i krigen, åpnet jeg en russisk nettavis. De vernepliktige var ikke sendt til Ukraina, heller ikke reservestyrkene, sto det. Men sosiale medier flommet over av bilder av de unge, russiske krigsfangene som våre folk påsto var under 20. Bløffet de? Jeg sendte melding til Rusa og spurte. Han svarte overraskende fort. *Kan jeg ringe deg? Viktig!* Jeg unngikk å svare. Likevel ringte telefonen. «Du tok nesten livet av oss da du hev ut førstehjelpsutstyret!» ropte jeg. Pipelydene hørtes, men etter en stund ringte han igjen. Jeg tok den ikke.

Så kom tekstmeldingen: *Håpet dere var i trygghet i undergrunnen, men da jeg innså at dere ikke var på noen av stasjonene, lette jeg dag og natt.* Jeg kastet mobilen i veggen så begge skvatt. Kanskje var det sant. Omsider plukket jeg den opp og leste en ny melding. *Elsker dere.* Så åpnet jeg en nyhetsapp. Mariupol var beleiret. Sivile var sendt langs en minelagt vei under evakueringen. De som var på rømmen, ble kaldt flyktninger. Så fikk jeg melding fra vaktfolkene om at Polan var kommet, og at han ville hilse på meg. Leste de tankene mine? Fortsatt hadde jeg ikke sett Zelenskyj skrive noe av det jeg ba om. Måtte gjøre meg hard og skrev: *For tidlig!*

«Hvem snakket du med?» spurte tenåringsjenta som hadde satt seg på gulvet i nattkjolen. «Prater med forskjellige folk», sa jeg lett. Hun studerte den røde neglelakken på fingrene sine, mens broren tråkket over de slanke beina for å komme til lekene. «Tror vi snart må ha mer mat», sa han freidig. «Spis det dere alt har fått!» krevde jeg og så på tallerkenene. «Litt for varm melk», prøvde han, og jeg innså at det måtte ha gått mange timer. Jeg skottet raskt mot bildet av Khrysta på mobilen, hun som kunne gi meg styrke. Så snudde jeg telefonen og viste dem en video med henne som spiste. «Ååå, så søt», kom fra gutten. «Vi lekte med henne etter at spesialsoldatene ble tatt.» Jeg nikket. «Vi ga henne mat også», forklarte jenta. Jeg stusset, for jeg trodde hun hadde vært på sykehus.

Jeg vurderte å legge meg igjen eller be om lunsj. Orket ikke lese stort mer enn overskrifter. Noe fanget oppmerksomheten: Putin vurderte å stanse gasseksporten til EU gjennom rørledningen Nord Stream 1. Han viste muskler. 150 000 russiske soldater skulle befinne seg i landet vårt. «Herregud», glapp ut av meg. «Hva leser du?» spurte jenta og dro fingrene gjennom det lange håret. «Ingenting», svarte jeg. Kjente hun også tankene mine? Jeg betraktet henne – var det hun som forgiftet meg så magen verket? Kunne det tenkes at hun også ville forgifte Khrysta? Hun virket utspekulert, latet som hun ikke brydde seg. Knivene lå på samme sted. Godt. Kanskje måtte jeg forsvare meg.

En ordfører var død, Juri Illitsj Prylpko i Gostomel. Han døde mens han delte ut medisiner og brød til sultne. «Med ekstremt raseri tilintetgjør fienden Bucha, Hostomel, Vorzel og Irpin», uttalte Klitsjko. «Sivile drepes med vilje.» Jeg gløttet bort på den eldste. Hun så spørrende ut. «Leste noe som var feil, en misforståelse», forklarte jeg. «Hva da?» spurte hun og skakket på hodet. Jeg ville først ikke si noe, men så sa jeg det og hun nikket alvorlig. «Et russisk luftangrep har rammet bakeriet i Makariv vest for Kyiv og krevd 13 menneskeliv», informerte jeg. «Et bakeri!» ropte den yngste. Endelig forsto de alvoret.

«Skal du ikke hjem?» spurte hun og gransket meg. At hun aldri så mot knivene, imponerte meg. «Må tisse», kom fra den yngste. Jeg ba ham gjøre det ut vinduet. Han sperret opp øynene. «Klar dere uten toalett», sa jeg mutt mens magen smertet. «Mange har det sånn, tenk på alle i bomberommene. Det skulle faren deres ha tenkt på. Vet dere hvor mange som har klaustrofobi?» Gutten klatret opp på den enkle kontorstolen, før han tisset i den kalde luften. Storesøstera holdt ham diskret i genseren mens han skrattet høyt og vinket til noen nede i gata.

«Lukk vinduet», sa jeg strengt og dro fram sofaen som jeg satte meg på huk bak. Jeg klarte ikke lenger å holde meg. Selv om gutten var for stor for det, krøp han inntil søsteren i dobbeltsenga. Jeg bet hånda til blods – å tisse kjentes som om glasskår skar i meg. Nummer to fikk jeg meg ikke til å gjøre. De andre måtte ha fått forstoppelse. Jeg ville ut, kunne ikke risikere tarmslyng også. *Ingen får oppholde seg i gangen*, tastet jeg. *Greit*, kom tilbake. De skrev: *Khrysta er urolig og trenger en klem fra mammaen sin*. Støttet de saken?

Likevel, jeg nølte før jeg åpnet. Peppersprayen kjentes i lomma og brystene var steinharde, lakk gjorde de også.

Georg smilte, og jeg forsøkte å gjøre det samme. Khrysta var blid, men istedenfor å slippe henne, grep han armen min. Jeg ble perpleks, og døra gled mer opp. Anton kom til syne med to soldater. Geværløpene gapte. «Ikke rør deg!» En fullt utstyrt soldat styrtet fram og grep meg i den andre armen. Anton tok tak rundt anklene så jeg falt med Khrysta. «Stikk!» glefset jeg og forsøkte å trampe på ham.

«Du må til legen.» Georg sto bøyd over meg. «Lege?» hylte jeg og fiklet fram sprayen. Igjen fikk jeg problemer. Korken lot seg ikke åpne, og jeg ulte høyt. Anton brøt inn: «Ro deg, Kalyna.» «Dere ødelegger alt, for alle! For freden!» ropte jeg. En dame presset seg forbi oss. «Gislene er uskadd», ropte hun. «Gislene?» vrælte jeg. «Ingen kan vinne, forstår dere ikke?» Georg ville overta Khrysta, men jeg niholdt. «Hun blir her!» freste jeg mens flere halte meg nedover gangen.

Georg skottet tafatt på meg, mens jeg pekte. «Han bedrar, juger, stjeler og har selvmordspiller.» Forsto de ikke at Anton og Georg var på russernes side? Jeg satte i et langtrukkent hyl. Jeg var en ulv, og de sto over meg med ørneklør.

Tirsdag 8. mars

«Hvorfor er du her?» spurte jeg. «Klær og toalettsaker», svarte han og løftet på sekken. Jeg fant et hull i murveggen som jeg pirket i med fingeren. «Vil snakke med Polan», bedyret jeg, «ikke en suicidal, russisk kjeltring.» Han satte seg på sengekanten, mens jeg trakk meg lenger unna. «Wagner-gruppen?» foreslo jeg. Ikke en lyd kom. Jeg snudde meg, og han ristet nesten umerkelig på hodet før han strakte fram hånda. Vaktene hadde også pratet til meg, mens jeg nektet å svare. De var duster, ingen forsto. Jeg lente meg nærmere veggen, ville bare til datteren min. Omsider sa han «ha det».

På utsiden av hullet i døra krydde det av folk i uniform, og i den lange gangen hadde alle dørene små luker. «Hvor er jeg?» spurte jeg en fyr. «Lviv.» «Men hva har jeg gjort?» «Holdt barn innesperret», sa han før han gratulerte meg med dagen. «Hva?» ropte jeg. «Jeg har bursdag 17. juli!» «Kvinnedagen», opplyste han, og gråten presset på. Jeg hatet å være innesperret. Planen hadde gått i vasken, Khrysta var tatt.

Så ble jeg hentet av en mutt kar og skjøvet inn på et fargeløst rom. Rusa sto i hjørnet. Skulderen var fortsatt bandasjert og hodet barbert. Han haltet noen skritt i min retning, mens vakten som var oppstilt ved døra, blunket. «Hva vil du?» spurte jeg. Rusa satte seg på den eneste stolen i rommet. «Hvorfor er *han* her?» spurte jeg vakten. «Hun har det bra», sa Rusa før vedkommende rakk å svare. Jeg turte ikke spørre om hun var sendt til Russland. «Er hos meg», sa han. En tankeleser til. «Kan du noe om barn, du da?» Jeg fniste, mens Rusa ble rød på halsen. Jeg ble redd og reiste meg. «Din avviker», ropte jeg. Han satte i et brøl så høyt at døra gikk opp, og flere vakter strømmet.

Polan, endelig. «Alt blir bra», hvisket han. Kanskje kunne han få meg ut fra det nitriste stedet.

Mandag 29. august

Månedene bak lås og slå gikk fort i starten, men så lengtet jeg ut. Etter noen møter hvor jeg svarte med enstavelsesord, fikk jeg endelig slippe.

Polan og Georg sto et stykke fra hverandre i noe som liknet en ankomsthall. Begge brune av sola, og Georg var kledd i kamuflasjemønster fra topp til tå. Pleiere fulgte oss med blikket. «Hvor er Khrysta?» spurte jeg. «Hos oss», sa Rusa som dukket fram bak en søyle. Hodet var fortsatt barbert som på en soldat. «Mamma har tatt fri.» Bandasjen var borte, men et geværløp stakk opp fra ryggen. «Arbeider hun ikke på gården lenger?» Han sukket. «Ikke nå.» Selv om jeg hadde sovet lenge, var jeg groggy – de hadde tvunget meg med på samtaler i dag også.

«Bli med», ba Rusa, mens Polan rynket brynene. «Hun må velge», sa han. Rusa beveget seg mot meg: «Fortsatt muligheten, men om du ikke kommer …» Jeg ble stående. «Vil skille meg», hvisket jeg og endelig var det sagt. Rusas hals fikk sjatteringer av rødt og lilla, men jeg klarte å bli stående. Georg trakk seg unna, og jeg pustet lettere. Bare å se ham, fikk meg til å koke innvendig.

Polan kom fram til oss. «Bli med meg istedenfor?» Han tok over sekken som tynget skulderen. Rusa ble rødere, og jeg ble sint. Idet han snudde på hælen, rev jeg til meg kalasjnikoven. «Ai», hoiet Rusa og huket seg raskt ned bak noen planter. Georg kom løpende og røsket til seg våpenet. Pleierne styrtet fram, og døra smalt igjen bak Rusa. Han hadde kommet seg unna.

Polan holdt ei håndflate mot de hvitkledte, og jeg fikk høre en fascinerende forsvarstale; mer enn jeg hadde kunnet mane fram. I avhørene hadde jeg vært taus, og foran dommerne bøyde jeg hodet. Da pleierne roet seg, tok Polan lange skritt mot døra med meg subbende etter. De hadde fått høre om konemishandling, kidnapping og trusler på livet. Da han gikk over til hvisking, mente jeg han sa: «Infeksjon på hjernen.» Jeg lo for meg selv. Ikke akkurat det legen hadde sagt, men han var absolutt inne på noe. Infeksjonen hadde ført til en akutt forvirringstilstand. Delirium, var diagnosen som var oppført i papirene jeg bar.

I Polans røde Fiat lot jeg som jeg var lei meg, ville vise at jeg ikke tok lett på ekteskapsløftet. Men egentlig var jeg flau for å ha grepet til våpen i en situasjon med folk på alle kanter. Rusa hadde heller ikke vært særlig aggressiv. Georg hoppe inn i Landcruiseren noen biler foran oss. Anton sin, kom jeg på. Jeg ønsket å si «ha det», men energien var forsvunnet. Istedenfor sendte jeg et imaginært slengkyss. Han hadde jo vært snill, i starten.

Rusa sto på fortauet med våpenet i hånda. Jeg så en annen vei da han kikket mot bilen. «Hva med Khrysta?» spurte jeg, men Polan var rask: «Tenk på deg selv nå, forsøk å slapp av.» Ordene liknet på hva presten hadde sagt – han ba meg være stolt over motstanden jeg hadde ytt. «Livet er tøft», hadde han sagt, «men ikke uten håp.»

At vi var tilbake i Kyiv, innså jeg først etter å ha kjørt et stykke. «På vei mot Vasylkiv», sa Polan og gasset på for å skli inn i trafikken på hovedveien. «Vært trygt der i det siste.» Kontrollpostene dukket snart opp, og vi måtte fram med ID-kortene. I neste veisperring gikk flyalarmen, og jeg for sammen. «Bør vi ikke finne et bomberom?» Stadig hadde vi blitt eskortert av pleiere til kjelleren, og ryktene gikk om at flere sykehus lå i ruiner. Han heiste på skuldrene. «Få bryr seg lenger.» Engstelsen for å bli bombet, satte seg i magen. Eneste positive med oppholdet, var at jeg vennet meg til kjellere. «Du får bo hos mamma», sa han. «Har et ledig rom på loftet, et koselig et, og hun er veldig snill. Skal være der noen dager, jeg også», la han til. Etter hvert som vi kom bort fra larmen, måtte jeg smile. Vi skulle bo i samme hus.

«Har du hatt kontakt med folk fra leiren?» spurte jeg. Han nikket. «Hva vet du om krigen?» «Lite», innrømmet jeg. Tankene om mamma gjorde vondt, som om jeg visste at noe fælt hadde hendt. Katastrofetanker, hadde legen sagt, og foreslått andre forklaringer. «Invasjonen gikk ikke som Putin ønsket, de fikk store problemer.» Jeg nevnte kolonnen. «Ble stående i en trafikkork. Ettersom jorda ikke var frosset lenger, måtte de holde seg til veiene.» Jeg husket å ha hørt snakk om at Xi Jinping muligens ba Putin vente med angrepet til etter Beijing OL. Kanskje hadde det reddet oss. Polan snakket seg varm: «Forsøket på å ta Kyiv, ble en gedigen fiasko og allerede i slutten av mars trakk de seg tilbake.» Jeg smilte, hadde virkelig fryktet den kolonnen. «Men ikke uten store tap», medga han. «De ba meg ikke engasjere meg så mye i krigen», mumlet jeg og spurte forsiktig: «Gjaldt det Kharkiv også?» Han smilte. «I starten av april var hele Nord-Ukraina fritt.» «Fikk du med deg at vi lurte russerne til å overføre soldater sørover til Kherson, rett før angrepet der?» Jeg fortalte at ingen av pleierne hadde snakket om krigen. «Men prisen er selvsagt skyhøy», sa han vendt mot eget sidevindu.

«Jaroslav?» spurte jeg da vi igjen var i kø for å vise papirer. «Kommer seg», smilte han. Jeg nikket og tenkte på alt folk i Donbas måtte tåle, alt de hadde bitt i seg og holdt ut gjennom åtte lange år. En undertrykkelse som etter hvert la seg under huden og skygget for alt håp. Jeg ville fortsatt med steinkastingen, men mamma hindret at jeg ble en del av statistikken. 13 000 var døde etter at opprøret startet i

2014, inkludert pappa. I løpet av de neste ukene hadde jeg forstått mer av hvordan regimet i Kreml opererte.

«Ble folk fra Belarus med?» Han forklarte at regimet hadde tillatt russiske soldater å krysse grensen og latt raketter bli skutt opp derfra, men la til: «*Folket der* er på vår side.» Han fortalte om hacking og sabotasje av den belarusiske jernbanen som skulle bidra til å frakte utstyr for russerne, og at tre bataljoner kjempet frivillig i Ukraina. «Kun belarusere», sa han og lot øynene hvile på meg. «21. mai var bataljonene så store at de ble til ett regiment, med flere hundre frivillige.» Jeg smilte mot ham, engasjementet lyste.

«Kronerullinger er blitt vanlige, selv til våpen. Noen litauere samlet inn til en Bajraktar angrepsdrone på bare tre og et halvt døgn – til fem og en halv million euro!» Han rettet kjapt på rattet etter å ha skjenet mot krabbefeltet. «Jaroslav ble innkalt til tjeneste i forsyningskommandoen i sør.» Han tok en pause. «Kjemper for å frigi besteforeldrene som er fanget der.» «Så russerne lyktes bedre i sør?» spurte jeg og tenkte på mistanken min mot Jaroslav. Ennå hadde jeg ikke løst mysteriet med de anonyme meldingene, men jeg lurte på om det kunne være Anton som hadde forsøkt å psyke meg ut. Hvorfor ante jeg imidlertid ikke. «Gått sakte der også, og titusenvis av russiske soldater er drept eller satt i fangenskap, nærmer seg 100 000, ifølge ukrainske beregninger. Du husker jo flyene som ble skutt ned ved hjembyen min 26. februar?» Jeg nikket sakte. «Svære fly, fulle av folk, trolig horder av spesialsoldater.» Utenfor ble det stadig mer landlig. Jeg åpnet vinduet og trakk inn kjølig luft. «Hva med øst?» Han grep hånda mi. «Gått enda saktere der.» Så tok han en pause før han sa: «Ingen kontakt med moren din?»

Store områder med åpne marker for forbi, men jeg

gjemte til slutt ansiktet i hendene. «Vet ikke om sykehuset lot være å si noe fordi de ikke fikk kontakt, eller om de visste at hun var død.» Han klemte hånda mi mens han kjørte. «Mange av konfliktlinjene er holdt, sannsynligvis ligger småbruket lenger unna fronten, men fortsatt på feil side. I løpet av juni fikk russerne kontroll over hele Luhansk oblast etter harde kamper, men en motoffensiv er på gang; antar det starter før russerne får omgruppert og mobilisert nye.» Jeg knep igjen øynene, kunne bare ane hva alt hadde kostet. «Forjævlig å være soldat også på russisk side», fortsatte han. «Kreml sender ungdom rett fra gata, uten trening og ordentlig utstyr, noen mener de blir presset til fronten – historiene flommer. Ikke rart mange drikker seg i hjel.» Vi kjørte siste biten uten å si noe.

Moren møtte oss på trappa til det smale rekkehuset. Turen som normalt tok under en time, hadde tatt oss to. Hun ga Polan en klem mens matduften sivet forbi henne. Vann samlet seg i munnen. Vi gikk to etasjer opp og inn i et lyst loftværelse. «Håper du finner deg til rette», sa han og smilte. «Gamle gutterommet mitt, men fint om du kommer deg ut også.» Etter dommen ble jeg flyttet fra fengselet til sykehuset, men på grunn av mangel på pleiere, fikk jeg lite frihet.

Både i senga og på stolen lå broderte puter, og på bordet lyste en bukett solsikker. «Vil du slappe av før vi spiser?» spurte han. Jeg sa som sant var, at jeg var skrubbsulten. Khrysta, kom jeg på, og så for meg et leketeppe midt i rommet. «Jenta mi», jamret jeg og krøket meg. «Hun blir passet på, flere er glad i henne», sa Polan og støttet meg mot senga.

Moren tok imot oss med et smil flere timer senere. Jeg hadde vært uforberedt på reaksjonen, men Polan mente jeg måtte regne med nedturer. «Å være uten henne er uvant og unaturlig», hadde han trøstet. «Vær glad hun lever og har det bra.» Magen rumlet, men jeg unngikk å titte i gryta. «Sett deg», foreslo han. Vi fikk fulle øser i tallerkener dekorert med kornblomster. Grønnsaksgryte med kjøttbiter hadde moren tilberedt. Så snart vi satte oss, viste hun fram et brev som Polan hadde sendt henne. Hun smilte hemmelighetsfullt idet hun rakte meg konvolutten. Frimerket i blått og brunt hadde en tegning av skipet «Moskva» og den ukrainske soldaten som ba russerne dra til helvete. Langfingeren var godt synlig der den stakk i været. «Skipet som sank brennende i Svartehavet etter et angrep fra oss», forklarte Polan, og moren gliste fortsatt.

«Kalyna skal bo på rommet mitt noen uker», sa han og la til: «Betaler selvsagt for maten.» Jeg kvapp og kom på storhandlingen i Lviv. «Tror jeg er blakk», fikk jeg fram. Samtidig brant ansiktet. «Ikke tenk på det», sa han og holdt opp håndflata. «Eneste du skal være opptatt av nå, er å hvile og få frisk luft.» Moren nikket alvorlig. Etter den sene middagsmaten slukte jeg sovetablettene og gikk rett til sengs.

Tirsdag 30. august

Polan tok meg med til et område om lag ti minutters kjøring sør for sentrum, hvor vi spaserte rundt en innsjø omkranset av gult korn. Vannet lå blikkstille, og sola varmet fra skyfri himmel. «Har ikke turt å lese meldingene ennå, redd for nyheter hjemmefra», innrømmet jeg. Han foreslo at vi gjennomgikk dem sammen, så jeg tok hånda rundt armen hans og fortsatte å gå. Jeg trakk inn den friske lufta i fulle drag og gledet meg over å se Polan myse mot sola.

Mr. Nord hadde ringt et utall ganger, men ingen anrop fra mamma. «Skyldes nok mobilnettet», mente Polan. «I flere måneder?» spurte jeg. Han sa han kunne forhøre seg med noen andre han kjente fra Luhansk. «Hvem er mr. Nord?» spurte han mens vi scrollet blant meldingene på Telegram. «Aner ikke, men har tenkt at han kan være en oligark.» De siste meldingene var desperate, han skrev at han hadde reist til grensen i Polen og lett etter oss, vært innom mottakssentre for flyktninger og ringt alle polske hoteller og sykehus. Gjort alt. Meldingene stanset etter noen dager. «Oligark?» sa Polan omsider. Så fortalte jeg hva jeg hadde fått vite i avhør, at jeg var adoptert, og at de heller ikke da hadde fått kontakt med mamma. «Hun jeg *kaller* mamma», oppklarte jeg. «Så mye å håndtere», sa han med varme i stemmen. Jeg lukket øynene. «Krigen og alt det nye om familien din, kanskje vi må forsøke å få kontakt», foreslo han. Jeg begravde ansiktet i putene. «Slapp av, tar tid», trøstet han og klappet meg på hodet.

Kan du ringe dette nummeret? Kalyna har vært syk, men blir tatt vare på, skrev Polan i chatten. Før han sendte, godkjente jeg innholdet. Like etter reiste han seg. «Du ble feilinformert», sa han etter å ha introdusert seg. Jeg boret ansiktet dypere i sengetøyet, og hva de snakket om ble fjernt for meg. Om jeg bare kunne reist med Khrysta, unna krigen og sånn ting var blitt – begynne på nytt.

Polan gikk på et tidspunkt ned en etasje. «Er du spent?» sa han da han krumbøyd beveget seg opp den smale trappa. «Ingen oligark, men kjenner familien din.» Jeg merket at temperaturen steg i meg, men ante fortsatt ikke hvem han kunne være. «Tror du jeg noen gang finner de norske foreldrene mine?» spurte jeg. «Kan være opp til deg», sa han. «Sa han fornavnet sitt?» kom jeg på. Han ristet på hodet mens han fingret med sengeteppet. Vi sa ikke mer om ham, helst ville jeg bare glemme de siste dagene i Lviv og alt det rare jeg hadde gjort.

Onsdag 31. august

Jeg burde gå innom en bank for å få slettet kredittkort-gjelden, og Polan hadde oppfordret meg til å se meg om i sentrum. Han skulle være tilbake fra Kyiv samme etter-middag. Flere timer brukte jeg på å gjøre meg klar, fønte meg med ruller i håret og oppdaget smilet i speilet; jeg skulle spasere fritt, i en trygg by.

Moren var ikke hjemme, så jeg låste døra og gikk de få hundre meterne inn mot sentrum der butikkene lå tett. En bankfilial dukket opp på torget, men da jeg strenet mot den, snappet noen mobilen ut av hånda mi. Hetta falt av, og det kortklippede, lyse håret kom til syne idet fyren sprang rundt nærmeste gatehjørne. «Hei!» ropte jeg og løp etter. Men han var rask og hoppet inn i en bil med motoren i gang. Idet jeg var framme og skulle til å røske tak i døra på sjåførsiden, spant den av sted.

Jeg hev etter pusten og først da håndleddet verket, for-sto jeg at jeg burde latt være. Jeg nistirret på nummer-skiltet og prøvde å memorere. Mannen som kjørte, hadde minnet om Ibrahim fra naboleiligheten i Kyiv. Av blikket han sendte gjennom sidevinduet, ble jeg mer og mer sikker. Øynene, håret og den spredte skjeggveksten når han ikke barberte seg; det måtte være ham. Over gata lå en slakterbutikk som jeg strenet av gårde til, og etter noen minutter der inne hadde jeg roet meg såpass at jeg kom meg tilbake mot rekkehuset.

Moren kom syklende samtidig som meg, og jeg fikk låne mobilen hennes. Kurven var full av gulrøtter som hun bar med seg inn. «Ibrahim, naboen fra blokka er her», sa jeg andpusten til Polan. «Han kjørte bilen til en som stjal telefonen min.» «Virkelig? Vi får prates i ettermiddag, hold dere innendørs og lås døra!» Jeg hadde ikke bare mistet mobilen, men også ID-kortet og debetkortet. Matt ga jeg mobilen tilbake til moren. Nå hadde jeg ingen måte å legitimere meg på.

Da Polan var tilbake, fortalte jeg alt jeg kunne huske. «Naboen, er det ikke sprøtt?» «Du ser bedre ut», sa han bare. «Ble livredd», minnet jeg om. «Prøv å ikke vær det, men vi flytter så er vi på den sikre siden.» Han foreslo at jeg ringte Jelena. «Spør hvor mannen er.» Jeg tok imot telefonen, men hånda ristet. «Husker du nummeret?» spurte han. Vi forsøkte nummeropplysningen uten å finne henne. «Messenger», kom jeg på, men for å komme på Facebook, måtte jeg huske passordet. «Hvordan så bilen ut?» Jeg ga ham lappen med registreringsnummeret. Hele veien tilbake fra sentrum hadde jeg sagt det høyt.

Etter en stund fikk Polan tak i en av etterforskerne som hadde avhørt meg. Han fortalte alt jeg hadde opplevd, og de ble pratende lenge. Jeg syntes jeg gjenkjente stemmen på den eldre med skjegg. «Mye vi ikke vet og som vi heller ikke skal vite om», oppsummerte Polan da han var ferdig. «Kan være at Ibrahim er en annen, og at han valgte blokka av en spesiell grunn.» «Som er …?» spurte jeg. «Usikker, og jeg må snakke mer med politiet først.» «Hvorfor?» utbrøt jeg. «Trolig var Ibrahim ute etter informasjon.» «Om meg?» spurte jeg. «Eneste jeg stoler på er deg.» Jeg lente meg mot overarmen hans.

Mr. Nord ringte igjen, og Polan forlot rommet. Kanskje fortalte han om arrestasjonen og sykdomsperioden. På sykehuset mente de at jeg ikke skulle ignorert urinveisinfeksjonen, og at den mest sannsynlig hadde ført til nyrebekkenbetennelse med høy feber. Og forvirring, som de kalte det. Jeg husket alt fra Lviv, og i retten fikk jeg det dessuten repetert. «Hva snakket dere om?» spurte jeg da han var tilbake. «Hilser og er glad du er bedre», smilte han. Så satte han seg ved siden av meg. Igjen kom det beklagende uttrykket fra de første dagene i leiren. «Tenker vi drar i morgen», sa han. «Hvor?» utbrøt jeg. «Du får bli med til Kyiv.» Jeg trakk pusten helt ned i magen. «Flytter vi på grunn av Ibrahim?» «Forsøk å ikke bekymre deg, vi vet så lite ennå», svarte han. Jeg tippet overende i senga, ønsket å bli hvor jeg var.

«Vil du til Georg?» spurte han. «Der er du jo rimelig trygg.» «Nei!» ropte jeg og satte meg opp. «Han er agent, jeg vet det.» Polan ba meg dempe meg, men smilte samtidig. Etter å ha fortalt om mistankene mine, nevnte jeg hva mamma hadde skrevet. «Onkel kan være den som har gitt oss penger.» «Alt er mulig», svarte Polan og pirket rusk fra under neglene. «Mange såkalte russiske agenter bosatte seg i Kyiv med familiene sine, men spesialsoldater overtok boligen rett før invasjonen.» Jeg gransket ham. «Ibrahim agent?» Han nikket. «Men hvorfor *meg*?» Han snurpet leppene, men ristet omsider på hodet. «Herregud», utbrøt jeg, og han spratt opp. «Ibrahim kan ha hatt en rolle under krigsutbruddet, men vi vet ikke hvilken ennå.» Midt på gulvet ble han stående. «Savner du aldri

Georg?» kom det, og jeg reiste meg. «Absolutt ikke!» «Men hvorfor? Dere kom godt overens i leiren.»

Telefonen hans ringte, og jeg gjenkjente nummeret. «Klarer ikke Rusa», ropte jeg. «Savner du ikke han heller?» «Fy pyton», sa jeg bare. Khrysta hikstet i bakgrunnen, og jeg holdt meg for ørene. Igjen gikk han til etasjen under mens han pratet. «Hvordan er det med henne?» spurte jeg da han var tilbake. «De er på gården i Odesa, hun får mye oppmerksomhet fra besteforeldrene sine og tanten.» Jeg fektet med armene, orket ikke høre. «Kan du ringe politiet?» fikk jeg fram. «Datteren min, hun trenger beskyttelse.» Polan ble satt over flere ganger, men fikk gitt informasjon til slutt. «Vi skal oppgi adressen når vi kommer til hovedstaden, men politiet har liten kapasitet, så vi må passe på oss selv. Noe lettere i Odesa.» «Oss», fisket jeg og håpet vi fortsatt kunne bo sammen. Han smilte og gjentok at jeg så friskere ut. «Sa de noe om Ibrahim?» Polan nikket sakte. «Om noen er interessert i å samle informasjon, går de ikke av veien for å flytte inn.» Jeg nevnte kontoen. «Kan jo være et motiv», mumlet han.

I jakkelomma fant jeg nøklene. «Du kan ikke bo der lenger», mente han. Jeg kastet dem i luften. «Greit!» sa jeg. Han fakket dem enkelt. «Damen i første etasje arbeidet frivillig i barnehagen – med en leieboer jeg aldri så», fortalte jeg. «Hvorfor ikke?» Jeg forklarte at han hadde en brannskade, at han konstant gikk bandasjert. Polan rynket brynene, så jeg viste ham meldingene mellom meg og den eldre damen. «Hun satt barnevakt også, men leieboeren sa aldri noe til meg. Og så bodde det et par der hvor mannen var yrkesmilitær, og et middelaldrende par med en ungdom – det var alle jeg hadde kontakt med i blokka.» «Kanskje agenter fra begge sider.» Jeg gren på nesa. «Naboparet lagde middag til oss – Rusa oppfattet dem som invaderende først – men de fikk nøkkelen vår til slutt.» Han plystret.

«Aner ikke hva den eldre damen levde av, tenkte først pensjon, men hun var vel for ung for det, kledde seg bare så gammeldags.» Han nikket megetsigende. «Noen kan ha hatt gode hensikter også.» «Anså dem alle som venner», sa jeg, og han skakket på hodet. «Alt er foreløpig teorier.» «Tenk om Rusa ble vervet før krigen», hvisket jeg. «Av russerne? Mener du som kollaboratør?» spurte han, og jeg nikket. «Kanskje de 10 000 hryvnjaer han snakket om, stammet fra dem.» «Georg er i alle fall på feil side!» kastet jeg frem. «Georg er russer i hjertet, og kanskje var Rusa i en honningfelle. De kan ha hatt noe på ham, og jeg tror jeg vet hva! Han var sjeldent hjemme.» Utrygghheten kom kastende, brått visste jeg ikke hvem jeg kunne stole på. «Kalyna, da – Georg fremsto som ekte desertør da han var i leiren. Og jeg kjenner Rusa.» «Kjenner ham ikke som meg, han er en avviker», sa jeg bare. «Virkelig?» spurte han og hevet øyenbrynene, men jeg orket ikke si mer.

«Rusa studerte på femte året med jobb i baren – jeg kjente ham lenge før deg», påsto Polan. «Husk marinebasen i Odesa under sovjettiden», minnet jeg om. «Mange derfra har russisk bakgrunn, familien kan være pro-russere, de har penger.» Polan ristet sakte på hodet. «Rusa er ekte, og jeg er ekte. De i leiren, var vanlige studenter – jeg gikk til samme lesesal som dem i mange år. Unntatt Jaroslav, han kjenner jeg fra jobben. Han studerer historie. Er Rusa på feil side, må han ha vært illegalist lenge. Hvor sannsynlig er det?»

Tankene gikk i spinn – hvem var alle? Og hvem var jeg? På badet låste jeg døra. Jeg angret for å ha gitt Polan nøklene. Fra en kuet hund, utviklet jeg meg til et rovdyr i skogene utenfor Kyiv. En ulv. Så gikk alt over styr og jeg mistet kontrollen – og gangsynet. Nå kjempet jeg igjen. Mot ørner. Eller var det som Polan antydet, mitt eget vanvidd?

Torsdag 1. september

Jeg var ferdig med å pakke og satt i stua da han kom. Hadde brukt de siste minuttene på å småprate med moren etter at jeg kom dumpende ned trappene med sekken. «Se der, ja», smilte han og strenet forbi oss til etasjen over. Igjen var jeg alene med moren, og igjen lette jeg etter ordene. «Ja, ja – da drar dere», sa hun bare. Etter et par minutter var han tilbake. «Plukket med meg noen småsaker», strålte han og ga moren et kyss på panna. «Reiser dere så snart?» Moren holdt ham noen sekunder. «Lås døra, foregår fortsatt kamper», formante han.

«Var det du som styrte dronen den kvelden du så Georg for første gang?» spurte jeg da vi jogget mot bilen. «Å spionere på to i et telt, er ikke så vanskelig», kom det surt. «Ingenting skjedde», løy jeg. Han så misbilligende på meg. «Tenk, du visste om en russisk soldat i leiren», sa jeg og ble stående ved siden av bilen. «Hvorfor sa du ingenting?» Polan skakket overdrevent på hodet. «Tenkte du hadde godt skjønn, at du ville gjennomskue eventuelle baktanker.» Jeg måtte le, mens han rev til seg bildøra.

Etter å ha kjørt i stillhet noen minutter, fortalte Polan at han hadde oppsøkt sikkerhetstjenesten. «Var i blokka deres, men nøklene passet ikke, så vi ringte en låsesmed.»

«Hvordan så den ut?» «Så ikke ut, noen hadde endevendt alt», svarte han med et grin. «Virkelig?» fikk jeg frem. «Alt lå hulter til bulter, men kan jo ha vært Rusa som hevnet seg, for leiligheten var vel din?» Jeg nikket.

«Både toroms-en over gangen og ettroms-en i første etasje var tom.» Jeg måpte, kunne ikke fatte at både den eldre damen og naboparet hadde flyttet. «Kan de ha blitt utsatt for noe? En fallende rakettdel ute på gata?» Polan trakk på skuldrene og ga meg en sammenbrettet papirlapp som viste seg å være fødselsattesten. «Fant denne oppi rotet», forklarte han. Jeg takket, hadde glemt at jeg trengte ID for å komme gjennom kontrollpostene. «Se nøye», sa han. I dagslys kunne jeg se at feltene for morsnavn og fødested var endret, men den hadde alltid vært sånn – jeg hadde bare tolket det som korrigeringer for skrivefeil.

«Jelena stilte ofte spørsmål om tida i landsbyen, som om hun fisket etter noe. De var eldre enn oss, men nærmeste naboer med en sønn på Khrystas alder.» «Kan være et blindspor, men vi holder alle muligheter åpne, kanskje var de fra etterretningstjenesten til Russland. Agenter fra begge sider kan klumpe seg sammen, bli kjent og skape tillit.» «For vilt», sa jeg. «Hvorfor?» «I fem år bodde jeg i blokka, og nabodamen sa hun alltid hadde bodd i området. Naboparet var kjemikere med hemmelige jobber for staten, de flyttet inn like etter oss.» «Passer jo bra», smilte han. «Men hvorfor er de etter meg?» Han ristet på hodet. «Vet ikke på hvilken side onkel står, eller mamma», innrømmet jeg. Så demret det. Anton som sa han visste hvem Rusa var. Han hadde notert noe ved navnene våre da han delte ut automatriflene. Ettersom han kjente mannen min, måtte han ha skjønt at det ikke var Georgs navn jeg oppgav.

«Vi må tipse noen», sa jeg høyt. «Om hva?» «Om at

Anton og Georg, og kanskje Rusa, ikke er på ukrainsk side», sa jeg. Han «hm-et» først, men så kom det: «Sa du ikke at du hadde kontakt med Zelenskyj?» Jeg nikket. «Kan du ikke bare ringe?» Jeg mønstret ham. Var han ironisk? «Hvorfor mistenker du alle?» kom det, og jeg slo ut med armene. «Anton reagerte ikke da jeg løy om at Georg het Ruslan Sokolov, men Anton kjente Rusa fra før! Og Georg løy jo antakelig om at han var i første-gangstjeneste, Yurij mente jo det.» Polan lente hodet mot rattet, og følelsen av å være omgitt av løgnere, overveldet meg.

«Hjelp meg å se i speilet, ingen skal følge etter», sa han brått. «Ta bilde av bilene bak», befalte han og ga meg tele-fonen. Jeg knipset et par bilder etter hvert som vi nærmet oss sentrum. En vond følelse kom over meg; en mørk stasjonsvogn lå et par biler bak oss. Uansett hvor mange ganger Polan økte og senket farten, hang den på. «Ibra-him», mumlet jeg. «Flere bilder», oppfordret han og tråk-ket inn bremsen. Ansiktene bak rattet på Audi-en ble fortsatt uklare. «Tror de har svarte munnbind», sa jeg. Skiltet kom imidlertid fram. «Samme nummer», konsta-terte jeg. Polan svingte brått inn på nærmeste bensinsta-sjon, og like plutselig var vi ute på veien igjen, i motsatt retning. Stasjonsvogna var borte, men jeg var klam.

En overraskelse ventet. Da vi stanset utenfor en by-gård i sentrum, sto Eugenia på fortauet. Hun omfavnet meg umiddelbart. «Godt å se deg», sa hun og viste oss opp trappene til en to-romsleilighet som hun delte med en kunstnervenn. «Reiste til venner i Romania», forklarte hun og ba Polan legge sakene mine på soverommet hans. Gulv til tak var tapetsert med akt-tegninger.

«Går det bra?» spurte Polan henvendt til Eugenia da vi satte oss i den lille stua. Blikkene hang lenge ved hver-

andre, og jeg antok noe var mellom dem. De hadde heller
ikke hilst, som om de nylig hadde pratet. Tårene over-
svømte de grønne øynene mens hun fortalte om den
vonde tiden før og etter brorens begravelse. «Fortsatt
vondt», sa hun. Han reiste seg, og de holdt om hverandre.
I meg var det som om følelsene satt fast. Beklemt så jeg på
dem. Eugenia tok rundt meg også, noe som lettet på tryk-
ket. Men da maten kom på bordet, smakte den ikke. En
tristhet var over meg, uten at det lenger hadde med bro-
ren hennes å gjøre.

Eugenia fortalte at hun hadde hatt kontakt med søst-
rene fra Kharkiv. «Tøffe tider, mye dårlig nytt fra lands-
byen deres.» Jeg nikket, men informasjonen sank ikke
inn. Begge unngikk dessuten å nevne Khrysta, og for meg
ble det «elefanten i rommet». Jeg ble sittende taus og
skamfull over alt som hadde skjedd. I tillegg tenkte jeg på
andre ting mens Eugenia var lei seg. Polan unnskyldte seg
da Eugenia vasket opp, og sa han var på vei til en venn for
å sove. Jeg fulgte ham til døra. «Takk», hvisket jeg mens
han knyttet lissene. «Gjør så mye for meg.» Han smilte og
kysset meg på hånda. «Har jo avlagt speiderløftet.» Så
åpnet han døra og rutsjet nedover gelenderet.

Mandag 19. september

Gården var stille, men trafikken var i gang på utsiden.
Eugenia hadde lagt igjen en lapp til meg før hun dro. *Føl
deg som hjemme, spis og ta en dusj.* Da hun var tilbake

rundt fire, hadde jeg ikke gjort annet enn å spise en tomat i senga. Hun gikk straks i gang med å kutte rødbeter så saften sprutet utover den korte kjøkkenbenken. «Har invitert Polan på borsj», smilte hun og tørket febrilsk. «Da må det vaskes», hvisket jeg og antok de hadde daglig kontakt. «Tenkt mye på mamma», fortalte jeg. «Kan hjelpe deg å lage en melding», tilbød hun, og jeg pustet lettere. Å formulere meg som jeg ønsket, var vanskelig. Selv om mamma ikke svarte, var det godt at første SMS var sendt. «Håper du snart får snakket med henne», sa hun. «Og at det blir oppklart hva naboen din er ute etter.»

«Han jeg kjenner derfra, nevnte problemene med nettet», sa Polan etter første slurp fra skjea. «Hørte du fra dem i sommer?» spurte Eugenia. Et halvt år var gått siden siste samtale, og det hjalp ikke at Polan nevnte sykdommen. «Ja, da!» smelte jeg så Eugenia kikket undersøkende på meg. «Skulle gjerne ha visst hva Ibrahim er ute etter, om det gjelder Rusa eller meg eller noen i familiene våre», forsøkte jeg å unnskylde.

Eugenia skrudde på den lille TV-en, og fra Zelenskyj kom det: «Alt okkupert territorium skal gjenerobres.» At motoffensiven fortsatte i øst, ble vist med videoer fra kampene i Luhansk og Donetsk oblast. «Bare fælt», sa jeg og holdt hendene for øynene. «Enten må vi godta å herses med av fascister, eller så må vi kjempe», slo Polan fast. Han reiste seg, mens Eugenias tårer trillet. Jeg unnskyldte meg like etter, bildene av døde og sårede tok på, og jeg klarte ikke å trøste. Fortsatt hadde jeg problemer med den høye prisen, og presidentens ord gjorde vondt – furene i ansiktet var talende også for hvordan *han* hadde det.

Polan banket forsiktig på døra mi senere. «Orker ikke tenke på hva som skjer hjemme», sa jeg, og fortalte at jeg hadde tatt sovemedisin som jeg håpet ville virke raskt.

«Verste stedet på jord», hvisket jeg. Han betraktet tegningene i rommet, ikke alle var like lystige. Snart dukket Eugenia fram. «Skal vi våge oss ut snart?» Jeg forsøkte å smile.

Da jeg la hodet på puta, så jeg for meg Khrystas lubne lanke som omfavnet hjertesmykket. Valkene ved håndleddene hadde blitt mindre de siste månedene. Jeg skjøv tankene bort og tullet sammen enden av dyna, ville late som hun sov nært meg.

Fredag 23. september

Endelig skulle det skje. Vi fikk låne bilen til Polan, som måtte jobbe, men Eugenia var med. De to voksne møtte meg i entreen med store smil, gråere i håret enn jeg husket. Vi hadde kjørt i over fem timer før vi kom opp alleen og parkerte på grusplassen ved siden av jordbruksmaskinene. Og så kom hun, stabbene på egne bein og jeg sank i kne. Hun kikket på farmor før hun fikk bekreftelsen hun trengte for å fortsette. Ett skritt av gangen. Så la hun kinnet forsiktig mot mitt, og jeg kjempet mot lysten til å klemme henne hardt.

Vi ble bedt inn på kjøkkenet, og to ildsteder varmet på veien. Khrysta balanserte vant mellom besteforeldrene. Ei høyreist kokke hilste oss velkommen til bords. Snart satte hun et fat hjemmelagede pølser på bordet. «Rusa?» spurte jeg da vi var plassert rundt det lange trebordet, Khrysta i en barnestol på enden. Faren så umiddelbart i tallerkenen, mens moren møtte blikket mitt. Desperat. «Ved fronten?» prøvde jeg. Faren ristet bryskt på hodet, og sa: «Vi har et rom på låven, han bor der.» Jeg stusset. «Hun er redd ham», kom lavt fra moren.

Et brøl kom fra døråpningen. Rusa var vill i øynene. Før vi fikk sukk for oss, hadde han røsket Khrysta opp fra barnestolen. Så løp han mot utgangen med meg i hælene. Khrysta vrælte og sparket. Han var rask, allerede var de over gårdsplassen der en diger skurtresker kom kjørende. Rusa sneiet fronten, mens jeg og faren ble stående og måpe. «Der», hveste faren og pekte. Sønnen var øverst på låvebrua med datteren min. «Pell deg ned!» ropte han, og hjertet mitt stanset. Rusa holdt henne utfor broa, fire-fem meter over steinmassene.

Eugenia og moren var bak oss. «Ruslan!» skrek moren. «Hun skal ikke få henne», ropte han tilbake. «Tenk!» formante faren. Skurtreskeren fortsatte ufortrødent ut på det enorme jordet. Khrysta hylte med sine lungers fulle kraft. «Mamma kommer», ropte jeg og beveget meg mot broa. «Rolig, kjære!» trøstet jeg. «Bli!» ropte han. En gårdsarbeider var dukket opp langs låven og var på vei mot broa fra den andre siden. «Blir her noen uker», løy jeg, «kanskje for alltid.» Igjen tok jeg små skritt.

«Du lyver, jeg slipper!» skrek han. Arbeideren listet seg videre. «Mente ikke å dra fra deg», ropte jeg. «Hva?» skrek han. «Da vi var i Kyiv», sa jeg. «Ikke nå igjen!» hylte han og slapp henne. Karen under broa kastet seg fram idet Khrysta fløy gjennom lufta. Jeg styrtet fram. Armene veivet og kjolen flagret. Før hun traff bakken, hadde karen truffet steinene og utgjorde en mykere landing, mine hender var så vidt under henne. Rusa spyttet i lufta, mens faren tok lange steg oppover broen.

I flere minutter hikstet hun før hun endelig pekte mot en kurv leker foran oss på teppet. Ute hørte vi sirener som nærmet seg, og omsider kom Eugenia til stua med blussende kinn. «Ser dårlig ut», hvisket hun og ristet på hodet. «Han falt mellom steinene.» Moren strenet inn like etter og var i fullt opprør, hun gråt og gråt inne fra kjøkkenet. Folk fra gården kom traskende inn en etter en og samlet seg der inne. Faren styrtet rett til kontoret i enden av stua og slengte igjen døra. Arbeideren som hadde reddet Khrysta, fikk omsider lov til å komme inn til ham. Snart var eiendommen full av politifolk.

Lørdag 8. oktober

«Ta mine klær», sa Eugenia før vi gikk ut den kvelden. Khrysta hadde sovnet med moren på soverommet vårt. Jeg la på et tykt lag sminke, sort kajal og mørk blå øyenskygge. «Ingen kjenner deg igjen», lo Eugenia og malte seg selv like hardt. Til slutt liknet vi to av Kyivs løse fugler og fniste da vi spradet bortover gata. Vi ble sittende på den lokale restauranten med kun tre bord. «Nam», sa jeg og var glad alkoholforbudet i Kyiv ble opphevet allerede 1. april. «Fikk ikke bestilt nytt bankkort på nettet, men har søkt om å slette kredittkortgjelden», fortalte jeg. Hun holdt tommelen opp, hadde oppmuntret meg til å rydde i problemene.

«Rart med den russiske kontoen», sa hun. «Kanskje jeg kan forsøke, arbeidet i en bankfilial de første årene jeg studerte og har fortsatt kontakt med damene der.» Jeg nevnte mulighetene for å reise utenlands om jeg solgte leiligheten. «Uten jobb blir det ikke lett», sukket jeg. «Er visst hjelp å få på grensen, men nå er det jo ganske trygt her. Polan og jeg vil gjerne bidra», sa hun forsiktig. «Og blir du langvarig syk, har vi stønader.» Jeg nikket. Håpet bare at energien kom tilbake.

Polan hadde ringt flere ganger oppdaget hun på hjemveien. «Kommer han?» mimet jeg mens de pratet. Hun nikket og fortsatte å gå. «Se opp», ba hun da vi oppdaget en rufsete fyr som fulgte bak oss. «Stikk», ropte Eugenia og veivet med den lysende mobilen. Vi klarte å jage ham noen meter unna før han tuslet inn i et gårdsrom. Likevel hev hun seg på sykkelen utenfor bygården sin, mens jeg ble stående og hutre. «Ser hvor han ble av», ropte hun før hun tråkket i vei.

Vel innendørs ringte hun en kollega fra banken. Jeg hørte henne oppgi nummeret til den russiske kontoen mens jeg tok farvel med barnevakten. «Sovet hele kvelden», sa moren og la strikketøyet i kurven. Idet jeg lukket døra, ropte Eugenia: «Kredittkortsvindelen er anmeldt av banken.» «Åh», stønnet jeg, «så bra.» Jeg antok foreldrene til Rusa ville betale tilbake. Han var fortsatt på sykehuset for å trenes til å gå igjen. Hodeskaden hadde vært massiv. «Tok en omvei.» Polan var andpusten da han kom opp trappene. Vi ble stående i gangen og fortelle om byturen og den hjemløse. Da jeg var på vei tilbake fra toalettet, hørte jeg henne hviske: «Fyren kjørte en mørk grå Audi stasjonsvogn.» Ordene kolliderte i hodet, fortsatt holdt noen øye med meg.

Telefonen til Eugenia ringte mens jeg rotet rundt i mørket for å finne sovetablettene. Jeg hørte glade skrål bak stemmen jeg gjenkjente som lillesøsteren fra leiren. «Landsbyen er frigjort», ropte hun og måtte være satt på høyttaler. Eugenia hadde tatt fram ei flaske med bobler da jeg kom ut til dem. «Spart den lenge», sa hun mens Polan reiste seg høytidelig. «Slava Ukraini!» Øynene til Eugenia tindret da hun svarte: «Ære til heltene.» Jeg håpet vi også en dag kunne skåle for landsbyen min.

«Tror du er klar», sa Polan rett før jeg skulle unnskylde meg for å gå til sengs. «En du kjenner har levd med fiktivt navn og hemmelig adresse, delvis her i Kyiv og delvis i Polen.» «En jeg *kjenner*?» spurte jeg. «Sier folk er på jakt etter ham, og det kan passe med alt du opplever. Dette kan være personen de er ute etter – ikke deg – selv om de er plagsomme.» «Hvorfor er han viktig?» Jeg gransket ham. «Jobber for oss», var svaret. Jeg ante ikke hvem han snakket om.

Han tok til å studere rutene i duken før han sa: «Hadde dere en hund kalt Bella, antatt spist av ulv da du var ni? Og som sov i senga di hver natt, uten egentlig å ha lov?» Jeg nikket. «En nabogutt kom med halsbåndet?» «Stemmer, hun hadde valper, og vi reddet to, Maxi og Bror. Er vel ikke håp om at de lever lenger», sa jeg mutt. «Hvorfor spør du, forresten?» Polan så i gulvet. «Vil bare være sikker på at han du skal møte, virkelig er den han påstår.»

«Han snakker med moren din og har bodd i nærheten av dere her i Kyiv.» Jeg tok en ekstra slurk vann for sovemedisinens skyld. Så slo det meg, mammas ord: *Ringte for tre år siden, ingen må vite.* Maskeringen. Bandasjen til leieboeren; hadde alltid vært noe kjent med måten han gikk på. «Onkel», utbrøt jeg. «Tok han inn som leieboer?» «Tampen brenner», smilte Polan. Eugenias blikk varmet meg. Hadde jeg virkelig tatt så feil? Var han en etterretningsagent for Ukraina? Ingenting stemte med samtalene mamma hadde hatt med ham, om livet i Rostov med barna. Levde han et dobbeltliv?

Polan ble alvorlig. «Vi er midt i en krig, i Kyiv kryr det av både venner og fiender, mest venner, men sånn er det nå. Annerledes når vi seirer.» Jeg ville gjerne tro at vi skulle vinne. Eugenia var i telefonen igjen. «Banken har anmeldt», sa hun henvendt til Polan, men deretter så hun på meg. «Pengene i Bank Rossiya var rammet, på en måte – men overføringen tok bare lengre tid enn moren din forventet. Kanskje de forberedte seg på å ikke lenger bruke SWIFT-nummer, men så gjorde noen et stort uttak, noen med din ID.» Jeg ble overrasket. «Hvem?» Eugenia trakk på skuldrene. «Politiet vet ikke ennå, men de tok alt – tømte kontoen og makset kredittkortet. De som gjorde det, brukte de samme legitimasjonspapirene.»

«Greit at vi har invitert personen jeg snakket om?» spurte Polan. Jeg hadde jo løst mysteriet, så jeg nikket. Han forsvant ut i trappegangen og kom inn igjen med ham jeg gjenkjente, øynene var knapt synlige mellom all bandasjen. «Forstår du har opplevd en del», begynte stemmen som jeg visste hvem tilhørte. Gasbind lå i tykke lag. Han rullet det av, runde for runde. Øynene mine fyltes, og jeg reiste meg. Han var i live. Til og med lukten var pappas.

Den bleke huden virket glattere i store partier på halsen, men såret var for lengst grodd. «Hva skjedde?» spurte jeg og rørte ved haka. «En granat gikk av i kjelleren i Luhansk der politiet holdt pro-russiske opprørere.» Han fortalte at de hadde gjennomført en aksjon mot lokalet, og at flere ble skadet. «Lette etter noen og var ikke sikker på om hun hadde kommet seg ut på egenhånd.» Hendene mine krøket seg i fanget.

«Du var blant opprørerne?» spurte Polan. Øynene var store. Pappa forklarte: «Vi ønsket å bruke språket og ha mer selvstendighet, men de fleste snudde da vi forsto hva russerne planla.» Jeg nikket dypt. «De første dagene gjorde ikke politiet noe med oss som demonstrerte.» Pappa la til:

«Heller ikke spesialsoldatene fra Berkut utførte ordren fra regjeringen i Kyiv da de kom, men så kunne ikke myndighetene lenger se på at russerne sendte inn soldater og våpen. Ettersom dagene gikk, utviklet opprøret seg, men få var interessert i krig.» «Når byttet du side?» Pappa var rolig da han svarte Polan. «Ilovaisk-massakren, det skammelige bakholdsangrepet. Etter den dagen arbeidet jeg med ukrainske myndigheter. Putin og de andre lederne som bestemte seg for å gå til krig, begikk en kriminell handling – de må stilles til ansvar.» Polan nikket flere ganger. «Når nabohus bombes og menneskene dør, innser folk realitetene. Etter 24. februar er det ikke mange prorussere igjen i Ukraina.»

Jeg knep igjen øynene. Flere dager satt jeg fanget, det var sensommer og svært varmt, men så ble kjelleren sprengt. Bare vokterne fikk skader, trodde jeg. Trolig var dette aksjonen pappa snakket om. Vi var flere som rømte samtidig den natten. Mormors tårer trillet da jeg kom hjem, mens farfar og mamma sa ingenting, de vandret bare rundt på tomta. Jeg hadde husarrest i ukene som fulgte.

«Beklager at jeg ikke tok sjansen på å avsløre identiteten min før, har ønsket å være sammen med dere og ville gjerne ta et oppgjør med Rusa, var jo lytt i den blokka.» Bemerkningen til ungdommen kom opp i minnet: *Var jeg deg, ville jeg uansett dratt.* Kanskje var de flere som visste. «Rusa ble hardt skadd i forrige uke», sa jeg. Pappa reiste seg og tok hånda mi. «Er på sykehus med lammelser.» Han presset leppene sammen mens han mønstret meg. «Moren sier han må lære å spise og gå igjen.» Det ble stille i rommet. «Hva med den eldre damen?» fikk jeg frem. Han lente seg mot stolryggen og forsikret at alt var bra med henne. «Vi flyttet henne til en annen bydel», oppklarte han. «Låste du døra etter oss den siste dagen i blokka?» Han nikket. «Forsto at noe var i gjerde, vi fulgte jo med og hørte skudd.» Pappa så beklagende på meg.

«Er så lei meg, men fikk en dødsdom av russerne – eneste mulighet var å late som jeg var død.» Han satte seg. «Men det kom for en dag etter et beinbrudd på et oppdrag i Moskva for noen år siden. Da jeg besvimte under sabotasjeaksjonen, ble jeg registrert på et sykehus – dermed fikk russiske myndigheter nyss om at jeg levde.» Pappa tok en pause, mens jeg stilte meg foran vinduet. «Har også hatt litt kontakt med moren din.» «Moren min», bemerket jeg og snudde meg. Han vrikket på seg i stolen. «Festkulturen i Trondheim, det gikk over styr mens jeg studerte. Men jeg elsket virkelig kjæresten min hjemme. Vi giftet oss og kona mi adopterte deg. Jeg er faren din, også i blodet. Skammet meg i lang tid.»

Han tok en pause. «Kunne ikke la feilen ødelegge for oss. Den ekte moren din var ikke klar for å bli mamma, særlig ikke alenemamma.» Han så i bordplata. «Jeg var feig og foreslo adopsjon, ville ikke at noen skulle vite. Hun kom fra Oslo på besøk til en bekjent som studerte i byen.» Han smilte uten å se glad ut. Så var det som om han bestemte seg for at det var nok tristesse. «Vi ble raskt glade i deg, og du hadde fine år i Kenya.» Jeg husket ingenting, og hadde tenkt at de første årene ikke betydde noe, men nå når jeg hadde Khrysta, hadde jeg totalt endret oppfatning. «Du er høyt skattet, ikke tvil på det. Og om du vil, kan du møte din biologiske mor. Hun har lett etter deg, men krigen …» En lettelse spiret, jeg var likevel delvis den jeg trodde jeg var. «Takk.» Jeg kunne bare hviske.

«Pengene på Bank Rossiya var del av farsarven din», sa han. Eugenia kikket storøyd på ham. «Så du kjenner til dem?» Pappa smilte. «Noe stammer fra oldefar, storbonden. Din tippoldefar.» Han så på meg. «Han gjemte unna oppsparte midler før han ble sendt til Gulag-fangeleiren, etter å ha motsatt seg tvangskollektiviseringen i 1933.» Jeg gjenkjente historien og nikket. «Han måtte stole på handelsreisende fra Trondheim som lovte å investere pengene i hjemlandet. Stalins politikk førte til at mellom tre og fire millioner i Ukraina sultet.» Pappa så vekselsvis på Polan og Eugenia. «Da far ble gammel nok på 60-tallet, flyktet han for å finne ut hva som skjedde med midlene.» Jeg nikket gjenkjennende. «Ingen KGB-forbindelse?» «Ikke som vi vet, og etter noen måneder kom han hjem med norsk kone.»

Jeg smilte, hadde hørt mye om farmor, men visste ikke at farfar også kom tilbake rikere på andre måter. «Pengene var blitt investert i kyr, og etter hvert mer moderne landbruksmaskiner, så utover 50 og 60-tallet bygget de opp en storgård i Trondheim. Jeg fikk bo der mens jeg studerte.» Pappa smilte til de andre rundt bordet. «Midlene ble fulgt med argusøyne av russerne etter at jeg rømte, og da de oppdaget Kalynas leilighetskjøp, flyttet de inn med agenter for å spane.

«Vi håpet å komme under radaren ved å bruke den erkerussiske banken, og først trodde jeg du hadde flyttet dem, men så forsto jeg at vi var svindlet.» Eugenia nikket. «Skal klare oss uansett», trøstet pappa. «Ga dere noen kontanter, men de tok kanskje Rusa?» Jeg ristet på hodet. «En fyr gravde dem ned, men fant dem ikke igjen.» Eugenia tittet opp fra mobilen. «Fikk nettopp beskjed om at etterforskningen pågår for å finne den skyldige, både den som brukte kredittkortet ditt og den som tok ut fra kontoen.» Far heiste på øyenbrynene som om han ville si «velinformert venninne».

«Broren min var skuffet over at jeg valgte å gå under jorda, han var først den eneste som visste at jeg levde, i tillegg til farfar.» Haka mi falt mot brystet. «Alle fra småbruket kom seg til Warszawa, med ett unntak.» Han tok en pause igjen. «Mormor klarte ikke reisen.» Klumpen i halsen bygde seg stor, og jeg mistet taleevnen. De fine stundene kom tilbake, hun som alltid hadde tatt seg tid til kortspill om kveldene, og vi samlet frø hver høst.

Et lite kny kom fra soverommet og pappa reiste seg. «Hun er her?» Jeg nikket før vi listet oss inn til henne. Han la ei hånd forsiktig mot kinnet og Khrysta falt til ro. «Tar oss av henne sammen», sa jeg før han strøk meg over skulderen. «Vi rakk å bli litt kjent», sa han. Vi betraktet henne i lysstripen fra gatelysene før vi smøg oss ut til de andre igjen.

Mormor forsto aldri at sølvhjertet stammet fra boeing 777 fra Malaysia Airlines – passasjerflyet som ble skutt ned av russerne og de russiskstøttede opprørerne. Flydelene ble spredd i en radius på 15 kilometer, og mesteparten havnet like over grensen til Donetsk oblast, under 10 kilometer i luftlinje fra småbruket. Smykket så ut som en dåpsgave, og kanskje hadde den tilhørt en nederlandsk baby som fikk kjedet revet over i stor høyde. Eller et malaysisk lite barn på vei hjem. Tre spebarn uten egne seter hadde vært om bord. Derfor ble også opptellingen feil, 295 var tallet som først ble offentliggjort. Men hele 298 mennesker mistet livet. Etter nedskytingen var det klart for hele verden hva som foregikk i øst. Missilet som fikk flyet til å eksplodere, var av typen Buk M1 – fra Russland.

«Moren din sørger, og vi er alle triste, men de holdt ut for lenge, ble fratatt alt: telefon, mat og strøm.» Noe blankt glimtet i øyekroken. «Bor på hemmelig adresse i et bevoktet hus. Maxi og Bror klarte turen, og jeg håper du vil komme etter. Eller i det minste besøke oss. Milli kom også, hun er over tolv, men tilpasset seg bylivet og klatrer opp lyktestolpene.» Jeg ville så gjerne treffe dem, men tanken på at det ble uten mormor, fikk øynene til å renne over. «Farfar lovte å passe på dere da jeg dro, men det ble for tøft – han ble tidlig svekket etter årene i gruvene – minnene er nesten borte, men han snakker fortsatt om deg.» Jeg forsøkte å smile.

«Hadde en lang prat med sikkerhetstjenesten før jeg kom.» Han gløttet mot oss som om mer dårlig nytt var på vei. Polan klemte hånda mi. «Søsteren til Rusa identifiserte seg som deg ved hjelp av fødselsattesten og kredittkortet ditt, og Rusa viste fram vigselsattesten.» Jeg satte vannet i halsen og hostet. «Rusa betalte Ibrahim for å få vite hvor datteren befant seg, men det meste havnet hos Anton Koval, en infiltratør blant våre egne, en korrupt sådan.» Han reiste seg, og Polan smilte til meg. «Avslørt ved hjelp av informasjonen du ga.» Pappa fortsatte: «Ibrahim sa til Rusa at Khrysta var i livsfare, noe som for så vidt stemte, så straffen ble mild.» Neglene skar meg i håndflata. «Pust», minnet Polan om. «Jelena og Ibrahim forsto aldri hvem jeg var, hadde vel nok med å få Rusa på kroken. De blir nok tatt hånd om, om ikke av oss, så av sine egne.» Jeg så vekselsvis på Polan og pappa, kunne nesten ikke tro hva jeg hørte. Jelena, som jeg stolte sånn på. «Blir man redd nok for sine kjære …», mumlet pappa.

Hosten ville ikke gi seg selv om Polan dunket meg i ryggen. Pappa kom med mer informasjon. «Redningsmannen din, han som syklet fra blokka, fikk fornyet tillit. Nå med ukrainsk statsborgerskap og en hedersbevisning fordi han avverget et angrep mot presidentbarna.» Jeg merket at rødmen spredte seg. «Livnærte seg visst som bærer i Kaukasus før han ble vervet, tøffe folk fra steinhytter i fjellene.» Far ville ta hendene mine, men jeg rømte mot badet.

«Nok overveldet», hørte jeg Polan si før jeg lukket døra og kastet kaldt vann i ansiktet. Etter å ha skammet meg i flere minutter, merket jeg likevel smilet. Maxi ble sikkert kjælt med av farfar, og mamma gledet seg til at pappa skulle returnere. Da jeg kom i stua, var kun Polan igjen. «Hvordan fikk dere kontakt?» Han varmet hendene mine. «Halvt nordmann, forstår jeg, kalte seg bare mr. Nord.» «Seriøst?» fikk jeg fram. «Så du er kvart norsk?» Jeg deiste ned ved siden av ham i sofaen. «Han fikk vite hvor du var av utleieren sin, og ba Anton få deg til et trygt sted. Et hardt slag at han stolte på feil person. Virker innstilt på å gi seg.» Jeg reiste meg så stolen braste i gulvet. «Pensjonere seg?» Han nikket. Umiddelbart la jeg høyrehånda på brystet og måtte smile før jeg samle håndflatene foran meg. Han lo.

«Vet ikke om jeg får sove i natt», innrømmet jeg. «Nå som vi vet hva orkene er ute etter, får vi være smarte – ikke lede dem til faren din.» Jeg knuget hendene hans. «Sikkerhetstjenesten har lovet å ha bygården under oppsikt.» «Fint», sa jeg. «Og glad jeg på en måte likevel er den jeg trodde jeg var.» En rynke over nesa hans dukket opp. «Du er jo du, uansett», smilte han. «Fikk forresten navnet på moren din, den norske.» Han ble alvorlig. «Hysj», sa jeg, men ombestemte meg. «Vil høre fornavnet.» «Sigrid», kom det. Jeg smakte på ordet. «Tror en popstjerne heter det, mener hun også er norsk.»

Forsiktig la jeg hodet inntil skulderen hans før nesa sneiet min. «Eugenia?» hvisket jeg. Han ristet på hodet og kysset meg ved munnviken. «Du liker meg ... på *den* måten?» stotret jeg. «Tulling.» Liksom-kilevinken fikk meg til å dukke. «Beklager», utbrøt han før han strøk meg langs underarmen. «Hva er det?» Fingertuppene strøk over kulen. Jeg fortalte om bruddet etter volden på politistasjonen. «Herregud, godt han fikk deg ut.»

«Har du likt meg … lenge?» Han nikket. «Da vi møttes i Lviv?» Han sa ingenting. «I leiren?» Jeg fikk et smellkyss i panna før han sa: «Baren.» «Likte deg også», bedyret jeg. «Helt til Georg dukket opp?» Ordene kom overraskende hardt. «Tatt som gissel», bemerket jeg. Han utstøtte en merkelig lyd før han reiste seg. «Beskyttet en desertør», forsøkte jeg, men sårede øyne vek. «Han var jo uskyldig.» Han vendte seg og lente albuene mot kjøkkenbenken.

«Anstrengelsene dine for ham», minnet han om. «Brydde meg som en venn – hørte jo om episoder.» Han snudde seg mot meg. «Betatt fra vi satt på baren og jeg innså at du var sammen med tosken Rusa.» «Du likte ham ikke?» «Så jo hvordan han behandlet deg, du var som luft.» Jeg la hånda under haka hans. «Kan ikke ha vært mye hjemme heller – satt på lesesalen til langt på natt rett etter fødselen – om han da ikke festet.» Jeg la hodet inntil ham. «Du er en god mor, virker mer deg selv og bryr deg om andre.» Han bøyde seg mot meg, og leppene våre møttes. «Nå viser du det også.» Han smilte liksom triumferende.

«Georg engasjerte seg for at Rusa skulle gi fra seg omsorgen til moren, han virker som en god person til tross for røffe metoder.» «Røffe?» gjentok jeg. Han kremtet. «Rusa ble funnet i Lviv med så mye gaffateip at han ikke kunne lee seg, de måtte klippe ham løs.» Mobilen hans ringte i det samme. «Sikkerhetstjenesten», hvisket han. «De arresterte to i dag, to russere.» Så lyttet han igjen. Da han endelig var ferdig, forklarte han at en mann var etterlyst for medvirkning til ranet i Vasylkiv, og at han dukket opp hos politiet sammen med kona i dag, fordi de ville levere tilbake mobilen min. «Spilte angrende syndere og sa han bare var sjåfør, men problemet var en merknad i saken om flere svin på skogen, blant annet utpressing.» Jeg reiste meg og tok et skritt mot vinduet. «Kanskje *ønsket* de å bli tatt. Av oss.»

Lenge satt vi tause. Jeg trodde han grunnet over saken, men så ristet han oppgitt på hodet. «Trodde vi hadde noe på gang i leiren.» Jeg strøk ham over ryggen. «Hadde det», forsikret jeg, men han ristet hånda unna. «Da russerne bombet Vasylkiv, fikk jeg en vekker – jeg var mer opptatt av hva som foregikk i teltet ditt enn i min egen hjemby.» Han la hodet mellom hendene. «Over nå», minnet jeg om. «Håper den jævla krigen også snart tar slutt!» Han dro fingrene gjennom håret. «Reis med faren din, bli gjenforent med familien – du trenger ikke gjennomleve dette helvete.» Jeg ristet på hodet. «Vil være med deg. Jeg er ukrainer og landet skal bli fritt.» Han kikket mot taket før han lukket øynene.

«Vil du skal være trygg», sa han. «Skal gå bra – og ville aldri gjort de ungene noe», hvisket jeg. Tanken, selv om den var dumdristig og naiv, var å tvinge fram freden – uten bruk av vold. «Vet det», sa han og så skrått på meg. «Håper Georg en dag får komme hjem», mumlet jeg. «Noe annet med deg – vil aldri at du skal gå – og var så redd da du var fanget.» Han så i gulvet. «Må ha vært fælt», hvisket jeg og strøk håndflata langs nakken hans.

Eugenia var tilbake, men ikke alene. Nathalia sto i gangen med utstrakte armer. «I morgen går vi til lesesalen», sang hun, «sammen!» Smilehullene viste seg. Idet jeg reiste meg, kimte en mobil. Nathalia holdt fortsatt rundt meg, men vi ble fanget. «Hva sier du?» ropte Polan og grep fjernkontrollen. På TV rullet bildene av den langstrakte Kertsjbroen i full fyr. Sort røyk bølget mot him-

melen. Putins prestisjeprosjekt og forsyningslinje til kri-
gen, over den kom soldater og militært utstyr til de
okkuperte områdene. Nå var den sprengt.

Tankene gikk tilbake til 2018 da ukrainske marinesol-
dater ble beskutt og tatt til fange der. Zelenskyj bidro til
å få dem løslatt året etter, og mange trodde ting ville bli
bedre. Men så ble alt verre – mye verre. «Snart er Kherson
fritt», mente Polan, og med hendene i hverandres fulgte vi
sendingen. «Yurij styrer dronene der nede», opplyste han.
«Jaroslav fortalte det.» Kraften fra de andre strømmet, de
var opprømte og glade – hele Ukraina skulle befris! Psyki-
aterens ord kom tilbake til meg; hun omtalte meg som et
krigsoffer, en av de sårede. «Frihetens pris», minnet hun
om, og ba meg være stolt – jeg hadde hevet meg over år
med undertrykkelse – først i Donbas, så med Rusa.

Fra gata kom tuting og høye rop. Jeg klemte dem etter
tur. Eugenia hentet fram de broderte skjortene fra kles-
skapet, og Polan vaiet med flagget i gult og blått; *velstand
og frihet* – snart var vi der igjen – og jeg ville bidra med alt
jeg maktet. «Slava Ukraini!» ropte Nathalia fra balkongen,
og svaret fra mengden runget: «Ære til heltene!» Eugenia
var nydelig i sin tradisjonelle, hvite vyshyvanka-skjorte –
symbolet på motstandskampen. Hun fikk flagget fra Po-
lan før han løftet meg høyt.

En dag før, Belarus

«En du må møte.» Jeg ble vist mot ei brakke der et kart lå
utbrettet. «Kyrylivsky Hai, et skogsområde like utenfor

sentrum, vilt og fullt av gjemmesteder, noen speidergutter har etablert seg der, for nært våre spesialsoldater. Ta kontakt, lat som du er en desertør.» Jeg gjorde honnør da sersjanten viste seg. «Anton Koval», hilste han, aksenten var ukrainsk. «Georg Bora, spesialsoldat fra den syvende stormlandedivisjon», sa jeg og skjøt fram brystkassa. Jeg håpet det ble snart, vi var i det forbudte området – jorda var radioaktiv!

«Hold rekkene!» ble ropt, og taktfaste tramp lød over broen.